王小锡散文随笔集

德与美

第三版

王小锡／著

上海三联书店

三版前言

我的散文随笔集《德与美》(第二版)出版后,好多同仁和朋友对我近年来热心于写点散文随笔感到新奇。其实,我跨界写作,一是因为我爱好习作散文随笔,同时,这也是我日常理论研究中“换个脑袋休息”的好办法。二是因为我一生从事伦理学理论研究和写作,方向专一,主题集中,故有一些人生体悟、伦理物语等无法比较容易地在伦理学理论作品中表达出来,即是说,好多人生体悟、伦理物语等与理论文章所涉及的内容无关,无法镶嵌进去。而散文随笔短小精悍、形式多样,主题可以随意选择,这样,我可以较为系统而全面地将自己想说的写出来。当然,读者的接受和认同也是我不停散文写作的动力,许多读者尤其是家乡和身边的年轻读者情不自禁地一口气读完我的《德与美》,感受颇多,他们从不同角度表示,读完《德与美》,或进取心更强了,或看事物更理性了,或烦躁的心平静了,或遇事容易坦然了,或郁闷中顿时释然了……。这使我深感文学作品有不同于理论思维的独特的影响和作用。

我一直在思考这样一个问题，即理论思维和形象思维是否可以交融。思维实践使我深感理论思维和形象思维可以而且应该互为支持、互为存在。事实上，历来有许多文人都在其或者是理论作品、或者是文学作品中实现了理论思维和形象思维的交融。故我力图追求的“散文形象”是：文散有轴心、笔随有逻辑、抒情傍依据、思维涵伦理。

我的这本《德与美》散文随笔集，形式多样，是广义散文之理念使然，故杂文、学术随笔、诗赋、抒情式书评等均收录其中。至于附录“道德箴言”，看上去是关于道德和道德生活的片言只语，其实是道德生活观的系统展示，可以说是一篇“语录式”的散文。

感谢妻子郭建新教授对全书的审读和建议。感谢我家乡摄影家沈佳宾和郭建新、吴疆提供的摄影佳作，他们为美之道德与道德之美作出了独到的影像诠释。

《德与美》毕竟是我的跨界习作，故，难免“潜伏”在书中的问题，恳请读者批评指正。

王小锡

2019 年 12 月 6 日

再版前言

我一生主要从事哲学伦理学的教学和研究工作，原以为“跨界”撰写出版一部散文随笔集也就了却了我集中发表“随想”“随说”的心愿。然而，《德与美》出版后受到读者的欢迎，一批学者和文化人或撰文、或专题发言，给予了积极评价，尤其让我欣慰的是，许多家长将《德与美》作为修身和励志读物推荐给自己的孩子阅读。读者的认同和好评，增强了我修订本书的愿望和信心。

修订后的《德与美》增、删、修改了一些篇章，在坚持原有崇德尚美宗旨的同时，进一步凸显了形散有轴心、笔随有逻辑的写作风格。在“道德箴言”部分增加了一些内容，连同初版中的“道德箴言”一起，更犀利地鞭挞了失德甚至缺德的行为，更为完整地展示了做人做事之“应该”，形成了看似没有逻辑体系但内容较为全面系统的道德生活观。

期盼读者在关注德之美和美之德的同时，深入探究德与美的新理念及其生活新方式。

王小锡

2018年1月20日

前言

我年轻时公务、业务、家务之“三务”在身，整天忙得不亦乐乎，中年过后，科研和教学任务越发繁重，故几乎一辈子没有轻松过，亦没有闲暇时间“客串”写一些散文或随笔文章。近年来，在紧张的业务活动间隙，我学会乘隙写点散文随笔文章来调节一下身心。实践表明，这不失为一种一举多得的“摇笔杆子”人的休息样态，即，换个思维方法和写作路径，让脑袋轻松一下。

十八世纪德国著名浪漫派诗人诺瓦利斯说，哲学是怀着一种乡愁的冲动到处去寻找精神家园。这一想法很有意味，实际也很是那么回事。如果说寻求真理即是寻找精神家园，那么，作为一生主要从事哲学伦理学教学和研究工作的我应该有“阳春白雪”的乡愁意识，而且，事实上，我一直在寻求“人”“人类”存在的价值指归及安身立命之道德依据，故学术随笔大多是围绕道德问题而展开的；同时，我离开家乡已经整40个年头，“下里巴人”的乡愁情感也越发浓郁，故散文随笔大多与家乡的人、事、景等有关，也总是在努力展示家乡的美景、美事与美文等。

应该说，我的展示人美、文美、景美之短文，总想探寻美之道德意蕴；我的关于道德的学术随笔，力图凸显伦理之美。

为此，本书定名为《德与美》，似乎切而当。

美之道德乃世上难得之德，道德之美乃人间最美之美，美之德或德之美乃人生必备之生活要素，需要好好培育；乡愁如诗，乡情若金，需要好好品味，愿《德与美》能给读者带来愉悦和启迪。

我妻子郭建新（南京审计大学教授）审读了全书初稿，并提出了许多建设性的修改意见，本书问世有她的功劳。姜晶花副教授、范渊凯博士和在读博士郭方天、白雪菲、尹明涛、吴隽、刘昂等为本书出版做了许多辅助工作，在此特致谢意。

感谢家乡摄影家沈佳宾和我妻子郭建新提供了与书中内容相关的摄影佳作。

书中文章有的是已见报的个人专栏约稿文章，有的是应邀所作散文随笔式书评或序，有的是信手提笔小作，其中会有没被发现的错误或不尽如人意之处，恳请读者批评指正。

王小锡

于南京秦淮河畔

2017年1月10日

目　录

目　录

上篇

作者于 1979 年

作者近影

和妻子郭建新与罗国杰先生

与导师唐凯麟先生

与老领导王连根(前排中)等合影

“道德与法律”学术研讨会合影

“道德资本实践与评估指标”企业家座谈会合影

中国经济伦理学会成立大会在南京师范大学召开

中国伦理学会第九次全国会员代表大会合影

中国伦理学会第七届理事会学术委员会第一次会议在南京师大召开

《中国经济伦理思想通史研究》开题报告会

参加天目湖山水园《溧阳赋》(王小锡撰)石刻落成典礼的领导和嘉宾

"21 世纪文化中国的商业伦理"论坛合影

大学同学毕业 32 周年聚会合影

第三排左起：吴福琪　吕龙才　杨大春　张三毛　史建平　宋水林　宋海荣　吴祖庚　王运生　陈锡彬　姜田法
第二排左起：钱信才　黄国忠　史如龙　邹力强　沈福新　王小锡　彭留双　宋仁年　黄火金　陈如清　薛和根
第一排左起：普琴芳　杨爱琴　周锡萍　吕静华　陈双凤　王宝芬　谢玉仙　邵菊仙

高中同学毕业 46 周年聚会合影

应邀于 2016 年 3 月 24 日在日本作主题为“道德资本与企业经营”的学术演讲

在全国经济伦理学学术会议上作演讲

在英国伦敦亚洲会馆国际经济伦理学学术酒会上作主题演讲

与友人畅谈

与美国著名哲学家艾伦·吉伯德教授学术对话后合影

与德国著名经济伦理学家彼得·科斯诺夫斯基教授学术对话后合影

聘请美国著名经济伦理学家乔治·恩德勒教授为《中国经济伦理学年鉴》编委

与美国著名经济伦理学家理查德·T.狄乔治教授在第六届ISBEE世界大会上

与日本经营伦理学会会长高桥浩夫(中)在东京合影

与西班牙著名经济伦理学家西松教授在第六届
ISBEE 世界大会上

《道德资本与经济伦理》(自选集)研讨会

研究院揭牌

南迦巴瓦雪山

天伦之乐

摄影“发烧友”

溧阳一号公路

国际学术研讨会开幕式

参加道德资本与企业经营国际学术研讨会的中外学者

参加国际学术会议的一家子

我的母亲

我的母亲是位善人，豁达、善良、勤劳、宽厚、友善是我母亲极好口碑的写照。

20 世纪 80 年代初，母亲离开人世时我在江西南昌参加通俗读物《伦理学问答》的编写会议，因为通讯不畅，家人一时联系不上我，会议结束回到南京才得知母亲去世的噩耗，我伤心之极，嚎啕大哭了一场。没有能最后送母亲一程，我心里很难过。不过，当我慢慢恢复了内心的平静后，我又有一种释怀的感觉。因为，母亲在我的心目中形象很高大，也很美丽，母亲离世的样子我没有看到，因此，我心中存有的始终是她在世时的音容笑貌，她在我脑海中始终定格在靓丽、阳光、厚道的形象中，故关键时刻不在母亲身边，尽管不孝，但始终感觉母亲“没走”，这应该是“上天”好意的安排吧。

母亲从小家境十分贫寒，她 6 岁时随外婆逃荒乞讨至江苏溧阳定居。我想象得出，刻骨铭心的苦难生活会在母亲幼小的心灵中留下多么磨灭不了的伤痛。但是，自我懂事起，母亲经常跟儿孙们说到她小时候乞讨到溧阳的人生故事，而从不讲乞讨过程的艰难和辛酸。但沿途乞讨中的一个情节她总是要讲的，这就是，在乞讨中有一次遇到一个老板娘，她看到 6 岁的小姑娘特别可爱，就大方地施舍了一些吃的和用的。每每讲到此，对于母亲来说都是一种“幸福”的回忆。大概从小经历了艰难困苦的生活，母亲对于后来的生活困难甚至挫折都是从容、平静地对待。记得我在读初小的一个开学时光，因为家中没有钱交学费，母亲带着我挨家挨户走遍大半个村子想借 2 元钱，结果因为当时大家都穷，要么舍不得借，要么自己也没有钱可借出，我和母亲只好一前一后地默默地“空手”回家。走在后面的我含泪不语，母亲当时尽管也是眼泪汪汪，但她却说，不要紧，刚开学，开心点，先上学，我再跑几家借借看。因为我母亲知道，凭她的好人缘，一定会有人帮助的。结果钱借到了，又马上还了，因为在老师的帮助下学校减免了我的学费。

我的母亲

母亲一辈子待外人像亲人，只要有机会她一定会乐意付出。20 世纪 60 年代前后，尽管家境贫寒，但平时只要有乞讨者上门，母亲一定不会让他们失望，甚至明明自己在喝粥，却一定会把冷饭团或红薯块等送到乞讨者碗里。母亲经常对我说，在我四五岁时，为养家糊口，她只身到上海做“娘姨”(保姆)，因为“东家”所在弄堂里只有一口共用的水井，平时早上要排队洗衣、洗菜，年龄达半百、在“娘姨”中最年长的母亲一边排队，一边就帮前面的人洗这洗那，一来帮了人家忙，二来也加快了速度，以至于后来年轻“娘姨”们总是让我母亲先行洗涤。年届“古稀”时，只要村上有人家有事需要帮忙，还总是少不了母亲忙忙碌碌的身影。

母亲年龄小父亲 10 岁，而父亲比较早地丧失了劳动能力，是母亲扛起了一家数口人的生计，承担了家内家外的劳动，她不但任劳任怨，而且任何时候任何情况下都不会与家人发生口角。记得母亲 60 岁左右还经常挑重担奔忙，日夜不停地操持家务。其实我母亲尽管不是“三寸金莲”，但年幼时也是被裹过一阵子小脚的，因此，行动并不方便，她是在以顽强的毅力支撑着我们这个家。我是母亲中年得子，尽管我和大我三岁的小哥锡保从小就想为母亲承担一些家务，但母亲为了我们读书，再苦再累也心甘。为此，当我年幼时不想读书跑回家后，母亲把我一顿痛打，打进了学校。这也是我一生唯一一次挨母亲打的“经历”。要不是母亲自己为支撑家庭和培养孩子而甘愿吃苦，要不是被母亲一顿痛打，我这辈子可能就是个文盲。

母亲对儿孙后辈从来是言传身教，总是把后代当作朋友来看，以至于儿孙们都十分尊敬母亲。侄女王瑾记忆犹新的一件事是，在她 9 岁时的一天，帮母亲即她奶奶去池塘边淘米，结果米仅被翻弄几下，一不小心筲箕在手中翻身滑落水中，米也随即全部散落，在侄女正可惜心疼、惊慌失措地准备轻则挨骂为“讨债鬼”、重则遭“钉弓”（手指弯曲叩头）时，母亲却和颜悦色地说，不要紧，回去再拿米来淘。20 世纪 80 年代初，一顿做白饭的米够一家人喝一天的粥，母亲不可能不心疼，但面对小孩犯错，坚持宽宏慈爱，这不失为一种上乘的教育孩子的方法。其实，母亲的一举一动不仅教育了家人，而且赢得了尊重。妻子郭建新难以忘怀的是，我儿子 1982 年出生后，已经 70 多岁的母亲坚持要帮我们带小孩，结果因身体支撑不住被我们动员回老家休养，谁知，她在家又养起了鸡，为的是让居住在南京城里的我和家人能吃上她自己养的鸡，这是令我们一辈子铭记心中的母亲的真爱。还记得，母亲病重时，经常围在母亲床边服侍的是玉琴等一些孙辈的孩子们，看得出他们的真心诚意，这是很难得的尊重和孝敬之心，由此可以看出母亲的宽厚、善良也在儿孙那里得到了回报。

母亲虽6岁离开家乡，但一辈子思念家乡、向往家乡。不过，家乡在哪里，母亲始终是既清楚又模糊，只是经常唠叨，“我的老家在苏北桃园宿迁”。由于早年交通和通讯不便，作为子女的我们谁也没有想到带母亲去老家寻根。而后因工作原因，我有机会经常去苏北，这才弄清楚母亲老家在现在的宿迁市泗洪县有个叫桃园的地方，可惜，母亲已经不在人世了，遗憾！愿母亲在天之灵能俯视她的已经有着翻天覆地变化的美丽故乡“苏北桃园宿迁”。

母亲无私、大爱，平凡、高尚。母亲永远活在我的心中。

老屋与竹园

我的在家乡溧阳城西郊东杨村的老屋因城市扩张早就不复存在，而老屋和屋后竹园是我一生难忘的儿时记忆，我的童年生活乐趣与老屋、竹园有着不解之缘。

老屋是破旧的茅草屋，房屋后墙上有一扇小玻璃窗，我站在窗口，张望窗外，窗子把我、老屋与屋后的竹园连成了一体，犹如一幅立体风景画。从窗口一眼望去，麦绿一片，风中摇曳的竹枝和竹叶在嗖嗖作响，似乎在跟我打招呼。虽身在“穷相”的环境中，现在看来还真有一种诗意生活的感觉。

屋后竹园有六间屋那么大，竹园的常客是我们同村五六个同龄玩伴和数十只漂亮的公鸡和母鸡。觅食的鸡经常被我们追逐得咯咯叫，而且，只要我们在，它们总是被迫离开竹园。鸡跑了，就剩我们这些玩伴相互追逐游戏其中，衣服和皮肤经常被竹枝划破，但大家仍然快乐至极。久而久之，竹园成了我们村一茬接一茬儿童自娱自乐的场所。

尽管这单一单调的娱乐场所与现在青少年娱乐活动的环境和条件不能同日而语，但是其快乐的心境与现在青少年的快乐感相比，未见当时的缺憾。至于我们小伙伴们经常在竹园里拾到鸡蛋时开心至极的场景，是今天的城市小朋友不可能遇到且至多只在动画片里偶尔看到的奇妙情景。

竹园西面边上有两棵大榆树，我和小伙伴们几乎每次到竹园都要爬上去玩耍。最惬意的是大家躺在树枝上休息、聊天，有时在海聊中会忘掉回家吃饭。家长要找我们，走到竹园，仰望树干，准能找到。不过，我家人要喊我回家，他们无需绕过几家邻居到村西后面的竹园，在老屋窗口朝着竹园喊一下即可。

竹园边榆树下面是一条进出村西的路，路边有一条水沟，沙河水库（现今的天目湖）的水就是通过这水沟流进我们村的池塘和水田的。遇到水库放水，我们竹园小伙伴经常在玩耍之余，跳进沟里用渔网或竹篮子捉鱼，每次收获颇丰，大家愉悦的感觉不只是在餐桌上多了一道不花钱得来的荤菜，更在于捉鱼时激动而欢快的神情。

我曾经在想，能否将我们老屋后墙开个门，这样就可以随意进出我们的“儿童乐园”，多方便多开心啊！可惜竹园是邻居家的，且开门就进竹园，没有路可筑，这是不现实的“美丽梦想”。不过，现在想来，站在窗口，思绪不时地让我的心飞进竹园，爬上树梢，这有多梦幻和美妙啊。

年　味

现今人们生活富裕了，农历“过年”，吃喝玩乐、走亲访友等内容与我儿时的境况已经大不一样。在我儿时的20世纪50年代末至60年代初，生活还比较清贫，大家基本上是穷过年，但是，过年的愉快心境和快乐感觉与现在过年的气氛相比，更凸显了传统“年味”的“魅力”。

我幼时最期盼的是过年，因为，过年有好吃的，有新衣穿，祭拜祖宗、燃放鞭炮、逛县城、买玩具、东奔西跑互相拜年，真是开心。

农村过年买上一只猪头腌制一下，那年三十晚上的“大餐”主菜就解决了，因此，我每年很乐意跟我母亲在腊月的某一天深夜3点左右到离家不远的县城肉店排队买猪头。记得有一次深夜，我和母亲赶到肉店时已经有几个人先到排队了，肉店每天只卖三五只猪头，明知道可能轮到我们就没有了，我们母子俩硬是抱着一线希望，在呼啸的西北风中排着队等到天亮，结果我们真的空手而归。第二天早上我们终于顺利买到了一只猪头，因为，我和母亲午夜12点就出发进城排队了，且排在了第一号。

其实，年夜饭主菜还有肉圆、扎肝和红烧煮鸡蛋等，可是，当晚这几样主菜一般是“不动筷子”的，因为年初二开始要接待拜年的亲戚，菜量有限，要是自己先吃了，亲戚登门就“露馅”了。不过，亲戚也都是同命相连、心照不宣，即使主人催促吃菜，但对于肉圆、扎肝和红烧煮鸡蛋等菜也是“不动筷子”的，因为，还有亲戚要来。因此，不到正月十五，这大菜是不会被“消耗的”。由于经常要重新蒸热，故，十多天后，鸡蛋、扎肝和肉圆都缩小了，而且是硬硬的。我最喜欢年初到姐姐家拜年，姐姐对我厚爱有加，从来不许“不动筷子”，每顿有“大荤”吃，且基本上是“大吃大喝”，可是姐姐等大人们是很少对荤菜“动筷子”的。

尽管我家粮食每年是算计着吃的，常年以稀饭为主，但过年“炒米糖”是一定要“做”的，只是少“做”一些而已。家里开始制作“炒米糖”就意味着新年即将到来，我就开始扳着指头等过年。每年这“炒米糖”好像是专门为我制作的，从年前到年后直至来年天气开始转热，我几乎每天到藏“炒米糖”的大陶罐里拿几块吃吃，也不敢多吃，免得一下子吃完了。待到陶罐里只剩下一点点炒米粒子时，我就告诉妈妈“炒米糖”没有了，妈妈总是说，“过新年时再‘做’”。

年初一的早餐是我一年中唯一一顿难以忘怀的美味早餐，它是实心汤圆加青菜烂糊面，味道鲜美且非常实在。要知道，粮食不足的年代吃实心汤圆是很奢侈的事情。尽管现在生活条件富裕了，但当时我妈妈做的实心汤圆加青菜烂糊面，我仍然想吃上一口，这比现今吃大鱼大肉还有味道，可惜妈妈“不在”了，我自己也做不出这种味道的烂糊面，只能是想想而已。

记得每年父母给我的压岁钱是两角，当时并不知道压岁钱是什么意思，经常听到的只是“压压一百二十岁”，反正为了讨个“好兆头”。不过，我更开心的是，我身上有自己的钱了，我可以自己买水果糖吃了，有时还能买一个小玩具回家。记得有一次用压岁钱买回一本小人书，着实让我自己自豪了一番，开心了一阵子。

放鞭炮是我过年的最爱，尽管每次只能放一小串小鞭炮和两只“天地响”，但这是我最激动的时刻，不仅好玩，而且这意味着对来年的一种良好期盼，心情特好。

贴春联是我和我小哥锡保年三十晚上的“规定动作”，尽管住的是茅草屋，但春联是一定要贴的，贴上春联顿时有一种喜庆的感觉，给全家带来喜气洋洋的氛围，也给茅屋带来了生机和活力。经过精心的呵护，春联在门上一般能保留到来年春节，让其一年散发着“年味”。

过年的一道亮丽的风景线是，从大年初一至年初十左右，农村各条大小道路上每天都有陆续不断的穿着花花绿绿新衣服相互拜年的人群。我也每年年初要多次走在拜年的路上，这是最最快乐的时光。记得经常在路途中碰上舞狮的表演，有时会忘记赶路，一饱眼福，好不开心。

我童年的新年基本上是在这差不多的充满“年味”的气氛中度过的，好怀念！

一张贺卡

1996年我被破格晋升为教授后的第一个春节前夕，收到一位校友的贺卡，贺词写道："从穷孩到教授不亚于从奴隶到将军。"使我至今难以忘怀的除了这句赞美之辞外，更在于它不时地勾起我对我的人生历程中酸甜苦辣的回忆。

我生于20世纪50年代初，自从我记事起，我就知道我家很穷，家中6口人，住的是20多平米的茅草屋，且经常是外面下大雨，屋里下小雨，外面不下雨，屋里还漏雨。茅屋里，开放的羊圈离床只有一米左右，我每天早上起床的第一件事是打扫床前的羊粪。小时候，每年大年初一才能穿上一件新衣，且衣服一定是大而不合身的，这是因为不至于随着年龄和个子的增长而衣服太小穿不上身，故我小时候一年四季基本是在穿补丁衣服。由于家中没有强劳动力，所以，我家每年“超支”而只得靠生产队的“预借粮”度日，平时基本吃不上白米饭。尽管家里很穷，但父母坚持让我读书，尽管他们是以粗茶淡饭过日子，但在我读中学时确保了我能每天吃上白米饭。当然，我没有辜负家人的期望，在“穷读书”中，年年成绩优良直至高中毕业。

人生艰苦的内涵随着人生历程不同而不同，小时候主要是穷之艰苦，工作后主要是劳动之艰苦、成就事业之艰苦。如果说我高中毕业后参加溧阳县城西公社工作已经让我深感融入复杂社会的艰辛的话，那接下来大学毕业后的繁重的教学、研究等工作压力以及学界不时出现的“畸形态”，更让人苦涩无奈。当然，有时苦中可作乐，苦尽甘来，苦未必不是好事。

我20世纪80年代初留南京师范学院（现南京师范大学）工作后，时代对大学教师的要求越来越高，要做一位合格的大学教师，从业务角度看，既要搞好教学，又要坚持研究，这样一来，我总觉得要读的文献太多太多，要研究的问题也不少，时间不够用。怎么办？那就只有一个办法，挤时间。时间如何挤出来呢？当时作为年轻教师的我是整天忙于事务加家务，除了忙还是忙，挤不出更多的学习和研究时间。事实上，只有寒暑假、节假日和每天晚上九十点钟以后是我基本上可以自由支配的时间，即可以用于学习和研究的时间。换句话说，所谓的挤时间，也只有放弃休息或休闲时间、减少睡眠时间来增加学习和研究的时间。因此，为了学习和学术，年轻时我经常一天一夜、或一天两夜、或两天一夜、或两天两夜都不睡觉，每年寒暑假从来不出家门，平时基本不娱乐，以致像朋友所戏说的我是“(打牌)三缺一顶不上的一个呆子”，所以挤时间成了我的习惯。为此，我也经常跟弟子们说，要想取得学术成就，只有用睡眠、假期和娱乐换时间，每天坚持晚上 12 点甚至后半夜 1 点以后睡觉，只要有机会就挤出可以利用的时间，坚持五至十年甚至更长，学术必有成就。

睡眠、假期和娱乐等换来了时间并不是就换来了知识和学术成果，还要舍得“费劲”。晚上不睡觉，肯定要瞌睡，怎么办？诸如一边看书或写作，一边吃辣椒、抓头发、钢针发梳敲扎大腿、冬天冷水洗脸、夏天坐在开好的冰箱门边作业(80 年代家中没有空调)等，能想到的办法我都用过；遇到假期要经得起诱惑，任凭山水风光秀美、特色餐饮味好，我自独坐家中阅读、思考、爬格子；平时出差其实很累，但是，书是要带的，见缝插针读一点是一点。反正睡眠、假期和娱乐等换来的时间要用尽用好，同时，精力要投足，否则，对自己是极大的“不敬”。

对于事业，我的一个基本理念是，想干事就得争取干好，努力了也就心安理得了。当然，干好事业的程式应该是：一切可利用的时间＋充足的精力＋技巧（时间＋精力）。这对于自己的生活乃至生存来说似乎有些残酷，但是，凡是人生成就，哪一个不是艰苦奋斗而取得的呢？其实，我从没有感觉到我的一生有什么值得炫耀的成就，但是，长期养成的以至于今天还坚持的有时间就或看书、或调研、或写作等让所有时间都派上用场的似乎苦行僧式的学习和研究习惯，是我值得骄傲的一种生活“模式”。

想成就事业的人，往往还会有特殊的困难和痛楚。在平时的生活中，我的一个口头语是，“天底下最头痛的事是头痛”。因此，对于我来说，在重视挤时间学习、研究和应对干扰之外，还要在奋进中应付经常性的头痛。我的头发为什么越来越稀少，其中一个重要原因可能是经常在伏案看书、写作时，因头痛，一只手抓头发，一只手摇笔杆子。现在有了电脑，也经常一只手抓头发，一只手打键盘。要是有一只手打键盘比赛，估计我即使不得奖其名次也不会靠后，呵呵，人生往往有许多意想不到的“副产品”。

我经常说，大学教师是世界上最艰难的职业之一，因为，从事高等教育与教学，教师必须始终站在学科和学术的最高平台上，故教师职业要求高、压力大，而且这种压力会一直伴随着有责任、有良心的教师，直到退休。事实上，只有不断学习、不断创新才能始终站在学科和学术前沿，才能胜任大学教师职务。因此大学教师就意味着活到老、学到老、研究到老，而作为教授，感到要求更高，压力更大，责任更加重大。

当大学教授辛苦，但苦中有乐。大学教授是奋斗和智慧的象征，当好教授值得自豪。

尽到努力　顺其自然

水往低处流，人往高处走，前者是自然规律，后者是人生定理。前者是为了强调后者。

人往高处走，这不仅是人的生存条件的需要，而且也是为了崇高人生价值追求的需要，更是社会发展进步的需要。

然而，理想与现实往往不能一致，心想的不一定能实现，即人往高处走不一定能一直走上去，也不一定能走得上去。但是，只要尽到努力，无怨无悔，至于结果，顺其自然为好。有些追求的目标似乎应该获得，但是，由于主客观条件的限制，再加上社会是复杂有机体，人为或不是人为造成的该有不一定有的情况时有发生，需要认账，否则，可能会影响自己已经有的物质和精神享受。其实，努力了，心里坦然了，情绪淡然了，顺其自然了，这本身就是一种获得和发展，是往高处又进了一步。所以，“高处”不仅意味着生活质量的高、地位影响的高，等等，更在于认识境界的提高。

人生，努力了，该有的总归有，不该有的总有原因，想也无用。总想着不该有的，或总牵挂着该得到而最后或因人为、或不是人为而没有得到的，是自己折磨自己，而且会丧失本来属于自己的人生难得的宁静。事实上，任何人的人生愿望都是多方面的，甚至是完美无缺的，这是应该的，人就应该树立完美和崇高理想。但是，可以说，各种复杂的主客观原因导致人生愿望不能百分之百地实现是常态，有的人人生成就（获得）多一些，有的人人生成就（获得）少一些，且各自会凸显出不同的人生轨迹和不同特色的人生成就，因此，人应该在尽到努力的情况下，满足于现实，满足于自己独特的人生成就。即使有不公平、不顺畅，也应该理性对待，泰然处之。计较或纠结于所谓的名与利、得与失，人难以舒坦，也难以进步。事实上，人们往往在计较和纠结中获得想获得的东西的同时，实际上已经丧失了自己的心平、气和及向上和向善的“理性精神”，在一定意义上是一种“自我精神损伤”。

“尽到努力，顺其自然”是一种理智的人生理念。事实说明，这是让人不纠结、不郁闷、心情舒畅过日子的读懂社会的人生哲理。其实，人生目标应该远大，努力应该坚持，但是，由于社会的复杂性及其事物发展的偶然性，对结果的期望值应该降低，这有利于人生幸福指数的提升。当然，降低期望值，却绝对不能因此降低人生目标，一旦人生的远大目标实现，结果比期望值更高，那不是“顺其自然”中的最好“自然”吗？

当然，尽到努力是劳动意义上的，而不是“拉关系”意义上的；顺其自然是遵循客观规律、泰然释然意义上的，而不是非理性的逆来顺受意义上的。其实，尽到努力，顺其自然，就是人生定律，其本身就是人之安身立命的重要依据和应有的重要生存哲理。

漫谈人生境界

在无边无际的浩瀚宇宙中，人虽渺小又渺小，但人又很伟大，因为人的思维能够超越宇宙，把握世界，并改造世界；同时，在无始无终的时间长河中，人生虽短暂又短暂，但人的精神和创造永恒、不朽。所以，人要活得像人、成其为人，应该追求伟大，追求精神永恒与不朽，这才能成为境界高尚的本真意义上的人。

人的名利观最能体现人生境界。人生在世，"名利"谁都关注。"名利"，是一个正常的人生哲学理念。谁不在乎自己的利益、追求自己的好名声？但是，假如为了自己的名利而不惜牺牲他人的利益，甚至是不择手段，这样争来的名利，必然会为人诟病，遭人唾弃。为了名利，明争暗斗，结果两败俱伤，无甚裨益。那些热衷于无谓争斗的人，肯定当不了该当的好官；热衷于无谓争斗的人，肯定赚不了该赚的大钱；热衷于无谓争斗的人，肯定做不了该做的真学问。追求名利应该靠自己实实在在的努力奋斗，靠自己的智慧和技能。当然，不管怎样，心态应该好，求名趋利应该做到：境界高尚，尽到努力不后悔；心平气和，顺其自然不伤神。

求名趋利与付出和奉献是一致的，与讲道德是一致的。古人云："天无私覆也，地无私载也，日夜无私烛也，四时无私行也。行其德而万物遂长焉。"(《吕氏春秋》)这里的"无私"并不是反对一切个人私利，而是不主张因私利而缺德，故强调"行其德"，所以，这里的"无私"就是指无"小人"之"私"，这就意味着"无私"就是主张"不过"而适度，就是主张讲德性。事实上，理性意义上的求名趋利，不会也不应该不择手段，它应该是体现良好德性的行为。

如何为人乃人生境界的风向标。人生在世，厚道得人缘，真诚聚人气。人生注定是要和人打交道的，而人与人之间的理性关系是理想人生的重要资源，忽视了这一点，人生往往是被动的。要积聚这样的人缘和人气，人要厚道，要真诚。说实话，人不厚道，本领再大也往往得不到认可，不能取得应该取得的成果；人不真诚，就算聪明过人，也不会有真正的朋友，这样的人生终归是可怜或失败的人生。

人生境界高低不在事大事小之分。事大事小不是人生境界的分水岭，人生境界体现在对立身处世之应该的认识和践行程度。如在没有人监督的情况下，能做到不随地吐痰，那就是品德高尚之举。为此，“勿以善小而不为，勿以恶小而为之”，“慎独”乃做人的最高道德境界。

劝君三十而不惑

孔子说，人生四十而不惑。这对于年龄还没有到四十的人来说，体会往往达不到这种境界。我在40岁之前，从来没有感到我是个中年人，就在我人生第四十个春秋到来之时，我才真切体会到我已是中年人，才有较为自觉的自我成熟感。记得我40岁那年，我由衷地感悟到孔子的非凡睿智，人生四十而不惑对于我来说已经是切切实实的体验。我深感，年过四十，看问题较以往看得全、看得开、看得准了，甚至看得穿了。顺意时绝不会得意忘形，逆境时也不会自暴自弃；厚道之人与道貌岸然的正人君子不会在眼皮底下被颠倒；名利与屈辱均会被淡然处之。同时，年过四十，做事较以往做得实、做得周到，甚至做得精巧了。不管事情多么复杂，条件多么不好，但是办事的成功率比较高了。

作为人生历程之一般意义来说，四十而不惑，这是人生阶段的标志，是人生之规律。我想，对于孔子这一命题来说，其理解的深刻意义不只在于提示人们年过四十想事办事应该周到，更在于它应该蕴含着这样一个道理，即，要想取得比常理或常规更辉煌的人生成就，那就应该努力争取实现三十而不惑。其实，这样的人在社会生活中不在少数。

“而立”之年同时实现“不惑”，这应该是人生了不起的自觉。人生三十达到不惑，意味着人生不仅提前十年达到较为“完满”的境界，而且实际上延长了十年的更成熟生存状态，且这十年恰恰也是人生的“黄金时段”，这样一来，不管是从政、经商还是做学问等，只要充分利用这十年，必将会赢得更高、更快、更多、更大的成就。

为此，不要设想时光倒流，而应抢在时间前面。那么，如何实现人生三十而不惑？即三十岁之前如何奋斗？我想，只要不奸、不懒、不糊涂，善待自我、他人和社会；坚持好学、勤练、多思、实干，不断进取，定能主宰自己的人生，实现三十而不惑的“主动人生”。事实上，在进取的道路上，人生只有年年、月月、天天、时时想着学点什么、做点什么，才可能不停步地朝着自己的人生目标迈进。

中国有句俗话，即“大器晚成”。这并不是说，老来自然成大器，或一定等到老来才能成大器，而是有其深刻的人生哲理。“大器晚成”蕴涵着人生只有抓早行动，惜时如金，不断进取，日积月累，最后将终成大器，且只要坚持不懈，越是往后，人生成就必将越大。欲坐等成大器，那只是在做“空中楼阁”之梦。

山不转水转

人们常说，山不转水转，人世间也的确如此。不管你想不想，该来的总归会来；不管你认不认，在与不在都“在”；不管你愿不愿，一切皆变是不变。

记得我读小学的时候，刚过甲子年的姑姑对我说，好好读书，将来能当一名先生，为家族争光。父母也是同样的话语。是啊，尽管当时在我姑姑和父母的心目中，先生就是能识字、并能教小孩子识字的所谓文化人，这对于他们和我们家族来说，是很大且了不起的愿景了。然而，姑姑和父母绝对想不到的是，后来的我不仅改变了以往家族历代文盲的状况，而且获得了哲学博士学位，成为大学教授、博士生导师，并被所在南京师范大学授予“奕熙精英教师”称号。这真是，此一时彼一时。

物质匮乏也不是“固态”。我小时候家里很穷，全家6口人共用一条毛巾，一定用到破烂不成形时才换掉。家中一只破箱子，装不满全家人的补丁衣服。尤其在20世纪60年代初，我国三年自然灾害期间，家中难得吃一顿白米饭时，每人一份饭是用秤称的，尽管现在想起来很心酸，但是，这是特殊年代的“家爱”的一种特殊表现方式，即不让家中任何人少吃一粒米饭。当时，经济社会发展滞后，大家都穷，就是到了20世纪70年代末，家乡偌大个溧阳县城只有县委机关拥有一辆吉普车。而现今，随着我国改革开放的不断深入，中国已经成为世界第二大经济体，人们的物质和精神生活也随之出现了深刻的变化，衣、食、住、行的条件在向全面小康进发，就小轿车的拥有量来说，白天的溧阳城就像流动的汽车库。这真是，日新月异，翻天覆地。

同样境遇是在20世纪80年代，我几次被邀请出国参加学术会议，然而，出国开会一般要获得外方资助才能成行，到了会议上也总是会被另眼看待，因为我是“穷参会”。但是，随着我国经济建设的快速发展，尤其是进入21世纪，我不仅有政府和学校资助出国开会，而且能够出资邀请国际学者来中国参加由我方举办的学术会议，并给外国学者以适当生活补助。甚至与国际学术组织联合召开国际学术会议，并取得了圆满成功。这真是，时代在变，境遇在变。

物质和物质量、生活和生活态在“转”，其实，人心、人情也在“转”。

世上总有这样的小人，即他不想他人已经或可能活得比他好，一旦他认为你已经或可能活得比他好，他就会心情郁闷地“关注你”，并处心积虑地压制甚至打击你，这样，你就有可能被暗算、中暗箭。而事实上，“中枪”的往往是小人自己，而被暗算、中暗箭的人可能因此活得更好。这真是，“小人”关注，未必不是好事。

谁都知道，人生在世，不可能永远不求人。然而，有时求人不会太顺，因为你的地位、影响、财富和潜力等往往是人家愿不愿意帮你的考量依据，一旦认为你没有帮助的当前或潜在价值，他就有可能敬而远之，甚或避而不见，更有甚者是直接拒绝。问题是，历史往往跟人“开玩笑”，经常有先前求人者而后被人求，而且是当初被人求者，现在去求当初求人者。早知现在，何必当初。由此看来还是厚道为人、积德兴事为上策。这真是，十年河东，十年河西。

我深感山不转水转是“铁律”，怎么转也有规律。历史已经充分地告诉我们，德性不良，甚至缺德行事，似乎人生得意，到头来一定会“什么也不是”，人品之坏导致口碑之坏，以至于白来了这个世界；厚道、真诚的人生，即使没有耀眼的光环，也必定是干净、自信的人生，好口碑是有价值人生的佐证。所以，人应该辩证地对待人生。人生得志勿猖狂，说不定高处滑落而粉身碎骨，说不定德不配位而臭名远扬；人生失意勿气馁，说不定低谷爬起而一往直前，说不定柳暗花明而前景美好；条件不好勿泄气，说不定奋进创新而彻底改观，说不定后来居上而雄踞高台；风气不正勿颓废，说不定风尚转变而喊打“鼠辈”，说不定社会和谐而风正气顺。

应该说，在人们的心目中，山不转水转是褒义命题，一般是指社会生活中的孬转好、低转高、逆转顺，甚至是丑转美等等。当然，社会意义上的山不转水转，一般不是“自转”，是人们自觉做有德之人，通过努力奋斗并促进事业进步等才能实现山不转水转。不过，尽管在人们的心目中，山不转水转是褒义命题，但是，好转孬、高转低、顺转逆，甚至是美转丑等在社会生活中也不是没有，这也是山不转水转，这种现象可以从正面告诉人们，人生时刻要敬告自己，“按理性生活”（亚里士多德），做一个有进取心、有奉献精神、有好口碑的人，真正让人生不断“转”好运，促使社会不断“转”进步、“转”辉煌。

写于2019年初秋

采　月　湖

南京师大仙林校园的夜晚，万里无云，皓月当空，星光闪烁，天地间遥相呼应的是平静如镜的采月湖，湖面众星拱月无“云游”，鱼儿欢快若太空翱翔。好一派举手扪星辰、下水可揽月的壮丽景观。

采月湖不大，站在湖边随意一处，都能听见湖周边任何地方的喊话。之所以称其为湖，大概是因为其有着湖的气质和湖的韵味。

仰望天空，邻近高山，湖边花红柳绿，湖中珍禽栖息，湖底鱼虾嬉戏，真像一幅美丽的水中三维立体画。昼夜倒影天地，时时变换景色，一年四季犹如在播放梦幻般的自然奇观，真是仙林有仙境。

湖中有一“湖心岛”，面积不大，我称之谓“掌心岛”，几棵不大不小的树杈即可覆盖全岛，但岛上“居民”却不在少数，有黑天鹅、野鸭及各种鸟类等。

湖中的一对黑天鹅及其“家属小朋友”，就像采月湖的主人，每每有客人“到访”，会离开它们在岛上或岛边的几只“小木屋”，大方地游到湖边与大家“交流”。此时，小黑天鹅也会“高兴”地以音乐般的有节奏的游姿，绕游在“父母”的身边，似乎在向客人表示，我们欢迎你们的到来。

有意思的是，湖边有一方与采月湖面积相当的长满绿油油草坪的“情人坡”，我说不清是因为黑天鹅一家的情意融融，导致将这块宝地取名“情人坡”，还是因为有了“情人坡”才引进和谐情深的黑天鹅一家，反正，“黑天鹅”和“情人坡”已经成为相得益彰的爱情象征。经常看到俊男靓女在此拍婚纱照，每到晚上，一对对恋人席地而坐，这也成了采月湖的美妙景观。我对“情人坡”倒是有一段特殊的记忆，十多年前的一次南京师大新生开学典礼在“情人坡”举行，我代表全校教师作了深情的发言，言毕赢得了全场热烈的掌声，这是一次师生情的张扬，也给“情人坡”留下了永恒的“记忆”。近日路过“情人坡”，发现坡边一块立着的石头上写着“起霞坡”三个字，这个名字不熟，其意也不太清楚，我还是乐意接受大家已经口口相传的“情人坡”，这个名字既浪漫又文雅，衬托着诗意的景观。

采月湖西端与“情人坡”相接的中间地有一圆形音乐台，是露天会议、唱歌、跳舞、酒会等等的好去处。尤其是在夜间，站在音乐台中央，天空、陆地、水中，五彩缤纷，交相辉映，令人眼花缭乱，仿佛置身于“童话世界”。

采月湖在仙林校园不孤独，依采月湖延伸开来，有幽曲的林荫道，一块块麦绿的草坪，气势恢宏的世纪广场，南边姹紫嫣红的条形花园，以及北面绵延数华里的高山等等。在校园的另一端还有一个只见荷不见水的荷花塘，不管是夏日荷花盛开，还是冬日残荷凄凄，总有“摄影发烧友”在专心致志地拍摄如画美景。这些独特景观衬托或丰富着采月湖的美丽景色。可以说，采月湖之景即仙林校园美景，仙林校园之景即采月湖美景。风景独好的南京师大仙林校区堪称“美丽大观园”。

随　园

走进南京师范大学随园校区，首先映入眼帘的是一块巨石上的“随园”两字。随园被誉为“东方最美丽的校园”，人们还称之谓“不卖票的最美公园”。

最早随园是清代诗人、散文家袁枚居住地，他在散文《随园记》中说：“康熙时，织造隋公当山之北巅，构堂皇，缭垣牖，树之荻千章、桂千畦，都人游者，翕然盛一时，号曰隋园。因其姓也。后三十年，余宰江宁，园倾且颓弛，其室为酒肆，舆台嚾呶，禽鸟厌之不肯妪伏，百卉芜谢，春风不能花。余恻然而悲，问其值，曰三百金，购以月俸。茨墙剪园，易檐改途。随其高，为置江楼；随其下，为置溪亭；随其夹涧，为之桥；随其湍流，为之舟；随其地之隆中而欹侧也，为缀峰岫；随其蓊郁而旷也，为设宦窔。或扶而起之，或挤而止之，皆随其丰杀繁瘠，就势取景，而莫之夭阏者，故仍名曰随园，同其音，易其义。”这清楚表明，随园在清代历史上曾两次盛况盛美。

现在的随园是在金陵女大旧址基础上发展而来，其美景与袁枚当初花园式庭院相比，更有其独特的韵味。

随园的大屋顶房子是我国传统宫殿式建筑，就整个布局来看，像个拉伸扩大了的北京四合院，配上山水景观，又像缩小了的南方园林，其诗情画意般的神韵，要“读懂”不易，任何文字也难以说明“随园之为随园”。

随园的整体设计可谓匠心独具，一条中轴线两边的房屋、路形、花草、树木对称地展开和延伸，环顾左右，一切有形之物都像个“双胞胎”。春暖花开时，两边花团锦簇、姹紫嫣红，站在中轴线上，似乎一边是花坛，一边是“镜子”，模样似乎一样。秋高气爽时，不管风从何处进，定有桂花香味扑面来。还有那两棵“大哥大”式的银杏树，待到满地黄叶、杏果时，却似两只金盘托“圣果”。至于200号、400号、600号、300号、500号、700号楼和几何形或弧形的道路，那两边的物体、线条和“空间”等毫无二致，且长年累月地始终要么“肩并着肩”，要么“对视相望”，要么“携手而行”。

当然，随园也有不对称者。围在齐刷刷条形状冬青树中间的绿油油大草坪，仿佛是铺在随园中央的绿色大地毯，一到秋天，随园人都可以上去享受“脚福”，有时躺在上面，仰望天空，顿时天、地、人融入一体，惬意自在。屹立在大草坪北端的参天古松，见证了随园的沧桑，目睹了一代又一代莘莘学子的寒窗苦读，被视为随园的象征和瑰宝，尽管20世纪80年代后期的一场大雪压断了顶部几根枝头，但今天仍然刚劲挺拔，让人“仰望”。面对随园大门的100号楼后面的德风园，坐落着至圣先师孔子的雕像，斯是中华传统文化的象征，更是激励学子们刻苦深造的精神资源，不时有学子朝拜立志。紧邻德风园的荷花池，小巧玲珑，池中荷花、金鱼以及倒影池中的宫殿式建筑、垂柳、花木、假山、天空飞渡之白云等，犹如水中仙境，漫步池中曲桥和清波台，仿佛置身于梦幻般美景之中。其实，20世纪70年代末，我在随园读书时，没有整治过的荷花池，周边全是土堤，自然生长的芦苇、荷花，活泼精灵的青蛙，再加上周边景观倒影等，也是蛮有独特韵味的。最难忘的是，我们几位同学在池边石凳上学习之余，经常跳进池里捉小龙虾，最多时有一脸盆的收获，真有诗意般学习生活的感觉。由此说来，尽管随园有不对称的单独存在，但它们并不孤独，都是景中不可多得的“美点”。

随园四季有花，可称得上四季花卉博览会。尤其是春季的兰花把随园装点得春意盎然，冬天的梅花在雪景中更显傲骨，十分美艳。

随园有山，现今的南山、西山大多是师生住所，人气很旺，也是随园一景。20 世纪 80 年代的两山，各有风韵。南山树木苍翠，山顶有绿树掩映的游泳池，在树木倒影的池中游泳，仿佛在林中飞翔。西山顶上没有开垦的痕迹，走进灌木丛中有一种走进原始森林的感觉。不过，西山北边的两栋二层木质结构小楼，是民国时期加拿大大使馆，内外设计精巧别致，在随园乃至在南京可谓是一帜独树，后改为学校招待所，我也有幸在里面招待过客人。可惜，后来因新规划被撤掉了。从西山东坡也就是 100 号楼后面拾级而上，坡中部有后来仿金陵女大宫殿式建筑的中文系大楼（简称中大楼），再往上有一座后来建成的现代气派的图书馆。南山和西山原来都有青石小块铺就的大路直达山腰，现在还存留着一段到南山的石块路，这其实是随园山路的一段历史，很有味道。这就是说，随园中轴线上有 100 号楼、荷花池、德风园、中大楼、图书馆，加上中轴线两边的对称宫殿式建筑和景观，以及青石路等，随园可称之谓有山有水、对称有韵、错落有致、匠心别致的“美园”。

随园之美，还美在气质，美在人文情怀。宫殿式建筑透射出传统的伦理之美，其建筑内含着敦厚、踏实、牢靠、诚信的精神，就其龙之九子的外饰雕塑，表示着这建筑在宣扬爱乐、吉祥、威严、护善、负重、正气、好文、镇邪等伦理主张。花园式校园昭示着宽容、祥和、阳光、友善和美丽。“厚生”乃是金陵女大的办学传统，“正德厚生、笃学敏行”“严谨、朴实、奋发、奉献”为今日之校训和校风。诸多蜚声海内外的先贤德教双馨，强学厚生；众多国内外知名的专家学者潜心耕耘，立德树人；一批批莘莘学子启迪创新思维，夯实日后卓越的根基。随园人文底蕴深厚，气质非凡。

我一辈子在随园“耕耘”，犹如花园的“护花”“养花”使者，美的感觉不只在于身处优美的环境，更在于一批批“祖国花朵”在这里茁壮成长。

石头城公园

位于南京城西清凉山下的石头城公园是因石头城而得名，公园不大，快速行走有30分钟就可以沿狭长的公园周边转一圈。然而，这公园的气势、美貌乃至历史可以与许多著名大公园媲美。事实上，石头城和石头城公园自身名气也不小。

公园东靠清凉山，西傍秦淮河，约3000米长的古城墙沿清凉山脚下向南北方延伸，巍巍屹立，这对于公园来说，犹如母亲怀抱婴儿，人间亲情在此凝固和张扬。园中石头城是公园的核心地带、著名景点。据古书记载，两千多年前，楚国灭了越国，楚威王设置金陵邑，并在今清凉山上筑城。时至三国东吴时期，孙权在赤壁之战后，将首府由京口（今镇江）迁至秦时由金陵邑改称秣陵之地，并又改称建业，接着利用清凉山的天然石壁屏障建立军事要塞。这里地势险要，是古时易守难攻的兵家必争之地。可以想象，当初在这里一定经历过无数次的刀刃相见的血腥场面。

石头城又称“鬼脸城”。据传说，在石头山(后来的石头城)脚下，经常会有一个隐藏山中的面目狰狞的鬼怪害人，神仙即在石头山边挖了池塘当作照妖镜，时刻将鬼怪暴露在光天化日之下，由于鬼怪无法轻举妄动，久而久之，照妖镜将其凝固在石头山峭壁上，让人们认清并不断唾骂其丑恶嘴脸。传说只是告诫作恶多端者，害人必害己，必将被诛之。其实，据地质学研究，这石头山的岩层是距今大约1亿年到7000万年前的晚白垩纪的浦口组地层，棕红色的沉积岩体，经长年风化，突出了一块椭圆形石壁，由于酷似人们想象中的一副“鬼脸“，因此，石头城也称之为“鬼脸城”。“鬼脸城”下有一不大不小的“镜子湖”，“鬼脸”正好倒影在湖中，这就形成了著名景点“鬼脸照镜子”。

“鬼脸城”的夜景辉煌而又庄严。灯光照耀下的“鬼脸城”，淡黄耀眼而又深沉，四周的漆黑衬托着它的煌煌与肃穆，倒影“镜子湖”中的它，更是让人在神秘中带着几份遐想。面对石头城,可以看到远处闪亮的电视塔,在这种古老与现代的交错、结合的场景中,人们才会有一种释怀的感觉,即“鬼脸城”乃古老的传说,休闲于“鬼脸城”周围,是我们今天多姿多彩生活的插曲性元素。

石头城公园的“镜子湖”中有各色各样的金鱼在游弋,公园西边经过的秦淮河中不时有鱼群涌动,这给公园带来了活力和精彩。站在“镜子湖”边,会有金鱼成群地来到你的身边,似乎在热忱地欢迎来客。走在环境优美的河边,偶尔能看到鱼群像“列兵方队”,在接受行人的“检阅”。更让人惊喜的是,汛期经常有河鱼一跃上岸,似乎不惜生命要与人间为伍。

走上石头城的城墙,山、石、湖、河、鱼、船、桥、花草、树木等一览无遗,再加上公园赏景或运动的人、嬉戏的宠物和飞翔的鸟类等,像一幅锦绣、灵动的立体画卷。

石头城公园似乎是体育尤其是老年体育大观园。早上、晚上,随处可见广场舞、太极拳和太极剑群。三三两两的球类、空竹类、陀螺类爱好者等也是布满公园的各个角落。放风筝更是公园一绝,风筝手聚会天天都有,白天条条风筝线如天降银丝,晚上风筝悬满天空,风筝的图案灯闪烁,似仙女下凡,尤为壮观,倒影水中,又似繁星嬉水，好不热闹。

开放式的石头城公园之南北两头均可沿秦淮河向前延伸，往北可以到达长江口，往南可以到达秦淮风光带、方山风景区乃至句容河、溧水河。秦淮河蜿蜒在南京城中时，倒影水中的天空、四季色变的树木和花草，以及夜间辉映的灯光，犹如飘逸的南京城腰带，给城市带来了灵气和活力。行走在被称为“中国第一历史文化名河”之秦淮河两边，不仅可以呼吸新鲜空气，还可以欣赏不断“变幻”的美丽风景。在石头城公园码头坐游船畅游秦淮河，更有一番人在画中游的诗意感觉。

石头城公园已经成了我生命活动平台的不可或缺的“要义”。每每处在公园之中，可以领略到世间百态和人情冷暖，可以感受到社会跳动的脉搏和人们的生存活力，可以通过人与物“对话”来改善人的心境和生活理念。同时，由石头城公园及其两头延伸开的“二十里秦淮”，留下了我无数次的身影，快速步行使得我与秦淮河和石头城公园结下了不解之缘。我爱秦淮河！我爱石头城公园！

写于2019年盛夏

谈人比人

“人比人气死人”，这是经常听到的口头语。然而，抬头望远一点，思路开阔一点，看问题“入木”一点，人比人就不至于生气。

人生在世，人应该跟人比。人往往最不能认识自己，但复杂的近似于“残酷”的竞争社会又要求人不能不认识自己，而且应时刻把握住自己，否则，自己误了自己，甚至自己“卖”了自己或害了自己，自己也不知道。所以，人的一生实际上也是不断认识自己的一生。然而，认识自己的一个重要方法莫过于与人相比，因为，与人相比能比出自己的不足，促使自己引起警觉；能比出他人的长处，促使自己取长补短；能比出自己的信心和决心，促使自己奋起、努力，展示自己的才能和业绩；能比出团结互助的氛围，促使人际间互相帮助，共同进步；能比出理性竞争态势，促使人际间在事业上相互追逐，共同促进社会的进步。

换一个角度，人生在世，人又不应该跟别人比。其一，人的能力有大小，尽到努力，心安理得，不必去追求自己能力不能及的东西，更不必为没得到他人已得的东西而苦恼。因为，主客观条件限制，得不到就是得不到，自寻烦恼，这是自己破坏了可以或已经获得的平静的生活。其二，人的生存条件和生活背景不都一样，他人拥有的自己不一定有，应该承认现实，也没有必要妒忌他人所得。当然，自己可以创造生存条件、改变生活习惯来实现人生目的，但这不是件想做就能做到的事，还得实事求是，尽到努力，顺其自然吧。其三，人生的机遇不一样。尽管说，机遇对于每个人来说是平等的，但机遇在什么时候、什么情况下出现，每个人对机遇出现时的空间和时间距离不一样。因此，机遇不像太阳光，每个人都能被照到。某个机遇只能在某个时间、某个地方被某个人、某些人或某群体所抓住，机遇与个别人擦肩而过的情况不在少数。为此，遇不到机遇没有必要怨天怨地。当然，不能忽视的是，机遇只光顾有充分准备的人。其四，人生的名利、地位犹如社会各类“金字塔”式的“模块”，而不管哪类“金字塔”，高名声者少，或高地位者少，世上没有哪个社会生活领域存在全都高名声、高地位状况，如果这样，高就不成其为高了。这就是说，人们总是在分别往社会各类塔尖上爬，但越往高，人数越少，有的人虽爬不到所谓理想的高度，只要是尽到努力，仍然是社会的某个“金字塔”上的可贵之“物”，因为，塔尖是由一层层塔基托住或垒起的，没有塔基就没有塔尖。而且，名声来自社会各阶层的认可和赞誉；地位来自社会的接纳，等等。为此，不在“塔尖”之人们，大可不必自己瞧不起自己，有你才有塔尖，你也可以或已经是出彩之人。其实，人生尽到应该尽到的努力，这就意味着是成功的人生，而这样的成功人生没有高低贵贱之分。

为此，为了好做人、做好人，我们应该与人比，又不应该与人比，而“应该”与“不应该”的依据是生活中的客观之“应该”，我们需要好好研究与品味。

光 明 学 人

2019 年 8 月 19 日,《光明日报》的“光明学人”版以“王小锡：美之道德与道德之美”为题,整版报道了我的学术人生和相关学术成果。在欣慰之余,我想起了《光明日报》早在 2015 年 11 月 5 日就因我即将作为中宣部宣教局、《光明日报》社主办的“核心价值观百场讲坛”第 34 场演讲专家而登上了该报“新闻人物”栏目,同时以题为“王小锡的道德经”报道了我的学术特色。当时,我受宠若惊,因为我从没有想到我这个 20 世纪 50 年代初出生的贫困农民的孩子会有机会在我国中央大报上作为新闻人物出现。时隔 4 年,这次《光明日报》又在“光明学人”整版介绍我的情况,更使我感动不已、如入梦境。感谢《光明日报》在我接近古稀之年给予的荣誉和鼓励。

经常有人关心和询问我的学术人生。我其实没有什么值得炫耀的学术成就，更不能比肩我国许许多多的学术大家。我只是获得了早先我自己也没有想到的一些学术成果。不过，我要说的是，20 世纪 80 年代初是时任南京师范学院（现南京师范大学）政教系主任、后任南京师范大学党委书记的冯世昌先生选送我进入中国人民大学伦理学高校教师进修班学习，使我与伦理学结下了不解之缘。而后，我的学术人生获得了许多学术名家的引领、关心和扶持，所以我由衷感谢我学术人生道路上遇到的每一位“贵人”。同时，我还要说的是，我的一生确实努力了，我曾经不止一次地苦和累到体力不支，辛酸泪不止一次地流过。个中原因，主要是来自各种生存和发展的压力，尤其是当好一名合格大学教师的压力和经常负重前行的压力。为减轻压力，必须努力。“压力”两字是我不敢落后、力争不断进步的动力。

是啊，知道压力，自觉以努力减压力，这确实能不断有所进步。我的一个座右铭是：坚持奋斗，日有所进，必有成就。历史也反复告诫我们，大凡有成就的人生，一定是不断向前奋进、并还有可能是顶着压力负重前行的人生。所以，我的体会是，压力是人生不可多得的宝贵财富。当然，人生压力能否变成人生财富，关键还得靠自己，要在自己明确人生目标的基础上，不浪费点滴时空，一步一个脚印地向目标挺进。

做学问很艰苦，但是，做学问是一件快乐的事，也是一种享受，即所谓的苦中有乐。事实上，从事学术，一定要有一种学术理想和目标，追求学术理想和目标的过程，就是不断向理想和目标行进的过程，期间的哪怕一丁点儿突破，都会有一种满足感、成就感、快乐感，即使学术进展迟缓甚至难以达到预期目的，那也会有一种努力了、不后悔的释怀感觉，更何况，失败是成功之母，尤其是在学术挫折甚或失败面前，只要不气馁，就会给人引来新的理想和目标，带来新的希望。

尽管临近退休的我已经没有了什么压力，也的确可以在学术的道路上“打道回府”并轻松愉快地度过晚年。即刻回家带带孙子，做做家务，也不失为一种类似学术享受式的生活。但是，《光明日报》的厚爱和鼓励，进一步增强了我的学术动力，我应该“更上一层楼”，为我心爱的一批在读博士、硕士弟子和珍爱的伦理学学科的发展贡献一份我的最佳力量。中国伦理学会会长、清华大学人文学院院长、长江学者特聘教授万俊人在为微信圈转发的

“王小锡：美之道德与道德之美”一文点赞时说：“学术之美成就学者之美”，这“美”与“美”的激励，也促使我要在“美伦理”和“伦理美”上多探究、有建树，以期学术之美为学术之中国风格和中国气派增光添彩。

学问无止境，学术无价。学人的光明前景在于生命不息、学术不止，在于学术立身、立言为民，在于做一个真正的有价值的“光明学人”。

附：

“王小锡：美之道德与道德之美”

——《光明日报》2019 年 08 月 19 日 11 版“光明学人”

一位学者学术人生成功的背后，是孜孜不倦的努力与日积月累的坚持。南京师范大学王小锡教授的座右铭正是“用奋斗写人生”，他曾收到一位校友的贺卡，贺词这样写道：“从穷孩到教授不亚于从奴隶到将军，这就是一个奇迹！”这既是对他取得成就的赞许，更是对其奋斗经历的敬叹。

学人小传

王小锡，1951 年生，江苏溧阳人，哲学博士，教授、博士生导师。1980年毕业于南京师范学院(现南京师范大学)并留校工作至今。曾任南京师范大学公共管理学院院长、校学术委员会委员,中国伦理学会副会长。现为南京师范大学马克思主义研究院院长、南京师范大学重点研究机构经济伦理学研究所所长、“伦理学”和“思想政治教育”博士点带头人、“马克思主义理论”博士后流动站负责人,中国伦理学会名誉副会长、经济伦理学专业委员会会长,江苏省马克思主义理论研究会荣誉会长,江苏省伦理学会执行会长,中国人民大学伦理学与道德建设研究中心经济伦理学研究所所长,清华大学道德与宗教研究院学术委员会委员。著有《经济伦理学》《道德资本论》等20多部著作,有3部著作分别被翻译成英文、韩文、日文、塞尔维亚文、泰文等在海外出版发行。

奋斗

王小锡1951年出生于江苏溧阳的一个农村家庭。年少时,家里6口人挤在20多平方米的茅草屋里,过着“屋外下大雨、屋内漏小雨”,靠“预借粮”度日的艰难生活。尽管如此,王小锡仍在“穷读书”中年年保持着优良的学习成绩。高中毕业后,他在家乡溧阳县城西公社工作了六年,由此经历了许多社会实践的磨炼。

20世纪80年代初,刚刚大学毕业的王小锡决定留在南京师范学院(现南京师范大学)任教。1982年秋,他又被选派进入中国人民大学伦理学高校教师进修班学习,从此与伦理学结下了不解之缘。“给我们上课的是罗国杰、许启贤、宋希仁等实力派学者,他们不仅在课堂上对学生进行启发式教学,在课余时间也给学生指导学术,讲解做人的道理,让我们受益匪浅。”

短短一年的进修时间,王小锡倍感压力,要掌握的知识太多,如何才能将有限的时间最大化?“我生在农村,欠缺学前教育和文化生活氛围,启蒙先天不足,唯有多奋斗,多勤奋。”本着笨鸟先飞的精神,他每天的任务就是学习、学习再学习,日积月累之中,不知不觉地写下了近10万字的读书笔记,撰写了25万字的备课笔记。

在随后的教学和科研中,王小锡一直保持“挤时间”的习惯。在他看来,时间并不能平白无故地被“挤”出来,正因如此,他经常整夜不眠不休。为了保持清醒的精神状态,他甚至边看书边吃辣椒、钢针发梳敲打大腿、冬天冷水洗脸……“每每遇到假期要经得起孤独,任凭山水风光秀美、特色餐饮味好,我独自坐家中阅读、思考、写作。”

王小锡回忆，攻读博士学位时，经常来回往返于南京与长沙之间，列车上的时间，他都不忍浪费，“有时来回一趟就能看完一两本书，阅读已经成为我的生活常态”。

在担任南京师范大学公共管理学院院长的12年中，学术和学科平台建设始终是王小锡的业务主旋律，并取得了公认的“大满贯”成就。学院由原来3个学院共有1个二级学科博士学位授权点，发展到涵盖15个二级学科博士学位授权的2个二级学科博士授权点；由原来4个二级学科硕士学位授权点，发展到26个硕士学位授权点，国家重点学科和省级重点、优势学科、重点研究基地等应有尽有。近年来，他作为江苏省优势学科带头人的马克思主义理论学科在教育部评估中获得了“A”级。

创新

在学术上，王小锡一直坚持“形而上”和“形而下”的结合，力求有自己的理论思维和实践价值。

在伦理学学科建设上，王小锡善于独立思考，他在有关伦理学理论体系构建，尤其是道德概念理解和道德作用等许多问题上，有自己独创的观点，特别是关于经济伦理及其道德资本研究方面更是独树一帜。

20世纪90年代，在西方经济伦理学尚未影响我国之前，王小锡就试图将经济与伦理道德关系的研究朝学科方向发展。为此，他发表了我国第一本研究经济伦理学体系的学术著作《中国经济伦理学》和第一篇学术论文《经济伦理学论纲》，创造性地提出并论证了“道德生产力”“道德资本”等范畴，在学术界引起巨大反响。

“有经济必有道德，离开了道德视角，经济不可能被正确地理解和把握。”在王小锡看来，道德是真正认识经济、发展经济的必不可少的基础性甚至核心要素。为此，他多次深入全国各地企业进行调查研究，构建了受到企业界赞誉的“道德资本”的实践与评估指标体系，为企业培育“道德资本”提供了可操作的行动依据。

在强调“走进经典原著，才能弄懂马克思主义”的同时，王小锡始终坚持以马克思主义为指导，坚持从“形而上”到“形而下”的自觉结合，学术观点求新求精。他一直认为，科学的道德就其功能来说，不仅要求人们不断地完善自身，而且要求人们珍惜和完善相互之间的生存关系，促进社会和谐。这种功能应用到生产领域，必然会因人的素质尤其是道德水平的提高而形成一种不断进取的精神和人际间和谐协作的合力，并因此促使货币和实物资本最大限度地发挥作用和产生效益，企业因此获得更多的利润。

因此，道德也是资本。

多年来，王小锡的研究成果，具体回答了道德资本如何在企业经营过程中，作为不可或缺的重要精神资本发挥其价值增值作用的问题。他认为：

第一，道德是提高资本增值能力的重要条件。在资本科学运动的过程中，道德能够通过激活人力资本和有形资本促使价值增值。其一，道德能够通过组织制度的道德化设计以及对人的潜能的激发，盘活有形资产，实现资源的优化配置，从而提高生产效率；其二，道德还可以通过人的主观能动性，不断地物化并渗透在有形资本当中，进而获得企业信誉和核心竞争力，形成资本存量，提高有形资产的附加值；其三，道德能够通过对经济主体品质、素养和境界的提升而激活人力资本，从而成为企业利润增加乃至整个社会财富增长的资本性资源。

第二，道德是生产力精神要素之核心。道德能否成为资本，关键要看道德在经济运行和企业发展中能否产生应有的作用力，形成独特的经济价值。生产力中人的因素是能动的，也是最为积极和活跃的因素，生产劳动是人的活动和物的因素有机结合的过程，是作为“主观的生产力”和“社会生产力”的实现过程。这就是说，生产力内涵人的精神因素，其中必然包含着人的道德素养和道德能力，这其实是生产力的核心精神要素。因此，道德也是生产力。

第三，道德是人性化产品设计和制造的灵魂。企业靠高质量的产品赢得市场，获取利润。然而，道德是高质量产品的重要保证，即是说，产品的特性，除了科技文化因素外，更重要的还取决于产品的道德性。在一定意义上说，道德是产品设计和制造的灵魂，道德对产品设计和产品质量起着决定性作用。忽视德性甚或缺少道德含量的产品最终是会减少甚至失去市场占有率。

第四，道德是缩短单位产品劳动时间的重要依据。当今社会，缩短单位产品（制造某种使用价值）的社会必要劳动时间，实现价值增值，不能忽视道德的独特的重要作用。同样，企业要获得更多利润和效益，缩短单位产品的个别劳动时间是关键，其中，道德同样起着独特的重要作用。事实上，单位产品个别劳动时间的缩短，很大程度上依赖于产品制造过程中的道德渗入。企业完全可以因劳动的积极性的提高与和谐协作精神的加强而缩短单位产品的个别劳动时间，增强企业产品的市场竞争力。

第五，道德是市场信誉之源。信誉是企业的生命，是企业产品市场占有率不断提高、利润不断增加的重要依靠。然而，企业信誉的获得不仅要靠产品的技术含量和文化品位，更要靠以诚信、责任为核心的企业道德水准。对于企业来说，用户信任度的提高和信任感的持续，往往取决于产品的道德含量和产品售后服务承诺的兑现程度。而企业在赢得市场信誉的同时不断扩大市场占有率。

第六，道德是互联网经济的生存和发展前提。企业经营道德在今天互联网时代显得尤为重要。因为，今天的资本运作不只是实物资本和货币资本的专利，道德资本也不仅仅体现在实物资本和货币资本的精神要素或精神作用上，互联网把现实世界生产和销售中的各种利益关系“电子化”或“虚拟化”，互联网经济、物联网经济以及智能经济，改变着人际关系和人际利益关系的生存和发展模式，使得信誉、公正、平等、理性等道德要求成为利益和利润多寡的重要原因。在互联网和物联网时代，道德作为资本显得十分明显。可以说，不讲道德就不要想赚钱，要赚钱就必须讲道德。

第七，道德是凝聚企业力量之关键。企业效益和利润的高低取决于企业员工的认同度、忠诚度、劳动积极性和企业凝聚力，而企业员工的认同度、忠诚度、劳动积极性和企业凝聚力又取决于企业对员工的思想、情感、生活、交往等的关注度和关怀度，即决定于体现为人文关怀的企业道德管理水平。这就是说，企业发展并获得良好效益需要“道德基础”和“道德管理”，需要由此而形成的企业凝聚力。

综上所述，道德能够帮助企业获得更多的利润，也足以说明，道德也可以是资本。

当然，王小锡也指出，道德资本或作为资本的道德具有自身的逻辑边界。提出和认同道德资本概念，既不是一种泛道德主义，也不是一种道德万能论，而是指投入生产过程之中作为一种生产要素而客观存在的道德形态，生产活动的场域就是道德资本发挥作用的实际边界。所以，从社会发展的宏观意义上来看，说道德是一种资本，并不是要从道德上来粉饰资本、美化资本，甚或使道德沦为资本增值的伪善工具，而是强调道德可以而且应该为获得更多效益和利润发挥其独特的作用。而且事实上，道德一方面充当资本的盈利手段，另一方面却是对资本作"内在评判"。前者是强调在正当意义上获取更多的利润,后者是指资本在追逐利润的同时,也在客观上塑造着人本身,而这些由于人而被提升了的人类物质方面和精神方面反过来又会内在地成为约束资本负面效应的力量,也即对资本的"内向评判"。在这方面,道德资本的价值目的性较他类资本形态更为突出。这是因为,道德具有服务资本的工具理性,也具有约束资本的价值理性,从而可以促使资本运作趋于理性和正当,避免"资本逻辑"的无度扩张或者资本本性的非理性膨胀。

王小锡还指出,道德资本概念中的"资本"并非马克思使用和论述的经典资本概念,而是"资本一般"视阈下的生产要素资本范畴,即社会道德能够以其特有的引导、规范、制约和协调功能作用于生产过程,促进经济价值增值。因此,从资本一般概念出发,道德作为影响价值形成与增值的精神因素具有资本属性。换言之,道德资本是体现生产要素资本的概念,是广义资本观下的资本概念。它不同于马克思在政治经济学中作为反映或批判资本主义社会制度和经济关系的本质的资本概念。在马克思主义政治经济学看来,在资本主义私有制条件下,资本不是物,资本是带来剩余价值的价值;资本是经济范畴,更是经济关系范畴，它体现了资产阶级与工人阶级之间的压迫与被压迫、剥削与被剥削的雇佣劳动的关系。因此，马克思主义政治经济学中所论及的“资本”，其本身就是“不道德”的代名词，王小锡所说的作为“资本一般”的道德资本与被马克思批判的作为“资本特殊”的资本概念并不是一回事。

交流

作为我国当代经济伦理学领域的开拓者和道德资本论的提出者，王小锡的诸多学术思想被学界同人跟踪研究，不管是赞赏、认同，还是商榷，他的学术研究不断给学界吹来新风，这是难能可贵的。

在几十年的学术生涯中，王小锡先后主持了《中国经济伦理思想通史》(重大)等6项国家社科基金项目，是马克思主义理论研究和建设工程重大项目《经典作家关于意识形态、先进文化和道德的基本观点研究》的首席专家之一，作为主要成员参与了中央马克思主义理论研究和建设工程项目《伦理学》《思想道德修养与法律基础》的教材编写。

已故的中国伦理学会名誉会长罗国杰曾说：“从马克

思主义出发，小锡同志研究伦理学尤其是经济伦理学理论的问题，是具有创新意义的。”中国伦理学会会长、清华大学人文学院院长万俊人说：“经济伦理学是当代最为突显和重要的应用伦理学研究领域。王小锡教授躬身其中，耕耘有年，成果斐然，尤其是他提出并努力证成的‘道德资本’‘道德生产力’等关键性经济伦理学概念，在国内外学界影响甚大。”中山大学章海山教授在发给王小锡的电子邮件中写道：“在经济伦理学术上的成就和突破，你在伦理学界始终在最前沿，作出了重大的贡献，有力地推动了我国经济伦理的深入研究，无人能及的。这不是溢美之词，而是多年来关注的结论。”但在王小锡看来，这不仅是一种学界的鼓励，更是自己肩头沉甸甸的使命和责任。

“我们做学术，不仅要继承优秀的传统成果，也要吸纳外来的有益思想，更要有构建自身话语权的主动性。”随着我国现代化进程的不断加快，王小锡踏上了一条寻求中国话语体系的学术征程。1996 年夏，他第一次出国，随中国伦理学代表团赴韩国开展学术交流。

第一次站在国际舞台上阐述自己的学术理论，王小锡不免有些顾虑。但让他没有想到的是，自己的发言引起不少学者的兴趣。“演讲结束后，学者们主动和我互动，纷纷希望加强交流。”那一刻，王小锡感受到经济伦理学巨大的研究前景，也彻底察觉到构建中国学术话语体系的重要性。

中国哲学社会科学话语体系的特色和优势在于，能在坚持马克思主义的基础上，植根于中国特色社会主义的中国实践。同时，在于对优秀传统文化进行创造性转化和创新性发展。对此，从先秦儒家经济伦理思想到如今市场经济的伦理道德体系，王小锡剖析出中国传统经济伦理思想现代化转变的整个脉络。在其《道德资本与经济伦理》(自选集)一书中，他这样写道：“社会主义市场经济不仅仅是一种法制经济，而且也必然是一种重视社会主义道德的经济。”

2011 年，伦敦举行国际经济伦理学学术大会，王小锡与众多国际学术大腕同台论道。在会议安排的学术演讲上，他用中国话语、中国风格展示出中国创造的独特的“道德资本观”，让世界目光再次聚焦。

在 2016 年召开的第六届 ISBEE 大会上，王小锡对其独创的“道德资本观”再次进行深入阐释，受到赞誉。2017 年，领导行为学家西松、原日本经营伦理学会会长高桥浩夫等多位国际知名学者与中国学者再聚一堂，进行“道德资本与企业经营”的学术研讨，将道德资本研究推向了更高的学术平台。

在王小锡的学术生涯中，与国际知名学者的交流互动已逐渐成为习惯，美国哲学伦理学家艾伦·吉伯德和经济伦理学家乔治·恩德勒、德国经济伦理学家彼得·科斯诺夫斯基等，都曾与他展开过细致深入的交流。

在学术交流中，王小锡的经济伦理与伦理经济研究，尤其是道德资本理论的探索逐步趋向完备与完善。他的《中国传统经济伦理思想》一书被翻译成韩文出版，《道德资本研究》作为江苏省哲学社会科学规划领导小组经专家评审批准的首批外译著作立项翻译出版，现已译成英文、日文、塞尔维亚文，在海外出版发行。更可喜的是，《道德资本研究》(英文版)获第十四届输出版优秀图书奖，《道德资本研究》(塞尔维亚文版)获第十六届输出版优秀图书奖，《道德资本研究》(英文版)获版权输出奖励计划。近期，英文版《道德资本论》正式出版，并向全球发行，《道德资本论》德文版和泰文版也即将在海外出版发行。

“让世界了解我们，让自己走出国门，这是学术交流乃至相互汲取学术营养的最好路径。”在王小锡看来，国际学术交流不仅在于学术信息的互换、学术理念的相互启发，更在于学术风格、学术境界的相互影响。“中国伦理学只有坚持‘顶天立地’的学术战略思想，真正体现中国话语、中国风格、中国特色、中国气派，才能真正成为中国哲学社会科学之林的显学”。

责任

“我首先是一个老师，然后才是一个学者。”王小锡说，教师永远是他的“第一身份”，他的“第一责任”就是将学生培养成人、成才，“只有把该传承的传承下去，把年轻人都培养出来，才算不辜负作为教师的使命。”

在王小锡看来，为学和为人是一体的，成才与成人更是一致的，他由此写下了许多“道德箴言”：“道德之美乃人生最美之美。”“自尊、自信、自强；理解、信任、互助，乃立身处事法宝。”在学生们眼中，王小锡的伦理学课就如同人生哲学课，既传授知识，又润泽人心。

在王小锡的课堂上，说话最多的永远不会是他自己。“王老师经常在课堂上和我们讨论为人处世的道理，教我们以德立世的行为准则。”王小锡的学生、南京师范大学博士后陶涛感慨："王老师的课堂有一种'魔力'，总能激发我们的兴趣，以及研究的热情。"

在教学中，王小锡始终坚持"以问为导，寓教于学"，"他就像主持人一般构建出大的框架，然后让学生自己去填充内容。这种模式深受学生们的喜爱与欢迎。"南京师范大学哲学系主任曹孟勤说。

桃李不言，下自成蹊。在几十年的教学生涯中，王小锡始终保持着高昂的学习热情。因为责任，所以专注。他秉持着对学生负责、对学科负责、对社会负责的态度，已经或正在培养的研究生有178人，其中博士生51人，在这些弟子中，副教授、教授、博士生导师大有人在。

在学生们面前，王小锡从不摆架子，他信奉"三人行，必有我师"，乐意与学生交流，学生思想观念的闪光点总会引起他的关注。基于此，年近古稀的王小锡在课堂上仍然面容和蔼，精神矍铄。

"美之道德乃世上难得之德，道德之美乃人间最美之美，美之德或德之美乃人生必备之生活要素，需要好好培育。"王小锡总是这样告诫自己。在日常生活中，他乐观豁达、宽厚仁慈，用他自己的话来说就是"尽到努力，顺其自然，修炼德性，善待人生"。

对待学术质疑，王小锡总以谦逊、恭谨、自信的态度与之讨论。年近古稀，他更多了几分从容与镇定。他在《漫谈人生境界》一文中写道：“人生境界高低不在事大事小之分。事大事小不是人生境界的分水岭，人生境界体现在对立身处事之应该的认识和践行程度。”

王小锡认为，做人的最高道德境界应是“慎独”，最完美表现是“诚善”。为人处事是一门学问，然“慎独”与“诚善”二者尤不可缺。他反复说，做事做学问与做人是一致的，在任何时候、任何情况下，首先要做一个厚道之人。

回想起自己的学术人生，王小锡欣慰地说，他这一辈子有两件幸事，一是培养了一批优秀的弟子，二是形成了在国内乃至国际有一定影响的学术研究成果。正是这两件幸事，王小锡道出了一名中国学者的使命和担当。（郑屹扬）

在中国人民大学的日子里

我有幸于1982年秋进入中国人民大学高校教师进修班进修伦理学专业，从此与伦理学结下了不解之缘。记忆犹新的是，进修期间的艰苦与快乐的学习生活，成了我一生难忘的记忆。

求学心切，人生已过三十二春秋的我，在我亟待深造和妻儿十分需要照顾的纠结中，告别仅出生一个月的儿子和独自一人既做家务又育儿的妻子，乘上了北去的列车。

当胸前别上中国人民大学校徽那一刻，我顿觉成为中国人民大学一员的荣耀。当进修期满手捧沉甸甸的中国人民大学进修班毕业证书时，我为成为中国人民大学校友而自豪。

当时给我们上课的老师大多是 20 世纪 60 年代就在学界声名鹊起的罗国杰、许启贤、宋希仁、马博宣、马绍孟等实力派学者。他们是一边研究一边上课，每一节课都是高强度的灌输，每一次讨论都是循循善诱，这对于学业如饥似渴的我们来说，是实实在在地享受精神、文化大餐，好过瘾。老师们的敬业精神不仅增长了我们的知识，更是树立了做人的榜样。在学员自修时间，不时地见到老师们在学员宿舍与学子们交流，既辅导学习，又指导学术，还讲解做人的道理。他们不愧为从事伦理学教学和研究工作的德学双馨的前辈。有幸的是，我们还聆听了周原冰、李琪等老一辈名家的学术报告，让我们受益匪浅。

那时的饮食条件还比较艰苦，每天是粗粮、细粮搭配着吃。我是南方人，面食总好像吃不饱，北方的同学总感觉米饭吃不饱，正好，我们互换着吃。不过，我尽管不喜欢吃面食，但是，炸酱面我很喜欢，这是北京的特色饮食，且品种多样，确实让人百吃不厌。有意思的是，当年 11 月至来年 3 月前后，食堂的蔬菜是白菜“打主”，但师傅们变着法子做出了红烧白菜、醋溜白菜、清炒白菜、白菜丸子、白菜豆腐汤等白菜系列菜肴，还真让人没有吃腻的感觉。难以忘怀的是，我们同房间被同学称之为“三家村”的张海仁、卢启华和我三兄弟，经常在周日改善伙食，猪头肉、北京红肠加半斤白酒，享受之中有一种传说中的“神仙”的滋味，且这种感觉不亚于当今“吃大餐”的体验。

当时，北京的冬天没有现在那么爽气，有时候大风扬沙会让人无法正常行走，沙子打在脸上有隐隐作痛的感觉。就是这样，我们的老师和同学都能迎着风沙走进教室。难怪北京的女士在冬天外出时，常用头巾包裹得严严实实，北京的男士都有长长的围巾系在脖子上。这是当时的北京一景，当然，这种景观没有最好，事实上，现在的北京已经很少见有扬沙的天气。愿北京雾霾天气也早日消除。

一年的进修时间很短暂，但是，同学们都充分利用点滴时间学习交流，尤其是晚上，大家基本上都学习到半夜才休息。当时没有电脑，我硬是靠手写，做了近10万字的读书笔记，撰写了25万字的备课笔记，这为我走进学术殿堂打下了良好的基础。这份手稿是我人生的宝贵财富，它见证并标志着我的艰苦的学术生涯的开端。记得进修毕业回到学校向时任政教系主任、也是毅然同意我进中国人民大学进修的冯世昌先生汇报时，先生看到我进修期间的30多万字的学习笔记，鼓励我说，保持这种学习专研精神，伦理学课程建设一定有希望。事实上，后来申报成功的伦理学博士学位授权点，应验了先生的期望。

离人民大学西门不远处就是农田，我们饭后散步经常在田间往来，夏天禾苗绿油油，冬天白雪皑皑，田园风光与高等学府相映成趣，构成了一幅诗意般的特有景观。

首都北京是中华传统文化底蕴深厚、现代韵味浓郁的国际大都市，在中国人民大学的日子里，利用节假日，我先后均第一次游历了人民大会堂、故宫、八达岭长城、颐和园、天坛、香山等，更深入地认识了“中华民族”“祖国”之深刻内涵。

人的一生丰富多彩，但影响一生的人和事不多。中国人民大学的日子是我学术生涯的开端，也是我人生的转折点。这一段求学经历及其后来产生的学术动力，是我一生取之不尽、用之不竭的学术源泉所在。我要感谢中国人民大学及其哲学系，感谢我亲爱的老师们。

亦师亦父　恩重情深

——怀念敬爱的罗国杰老师

敬爱的罗国杰老师已离我们而去，哀伤难消逝，怀念将永远。

我一生钟情伦理学教学与研究，这与罗老师亦师亦父般的教诲与扶植是分不开的。

我记得1982年秋中国人民大学伦理学高校教师进修班开学后，罗老师第一次给我们上课就很认真地告诫我们要“学伦理学，做道德人”。他不仅这样说，自己也这样做，而且一生躬行，率先垂范。为此，罗老师赢得了社会各界广泛的尊重和爱戴。罗老师“学伦理学，做道德人”的警句，成为我人生的座右铭，一直影响着我的为人处事，丰富着我的人生内涵。当年中国人民大学举办的伦理学高校进修班被称为伦理学界的“黄埔一期、二期”，为全国高校培养了一批伦理学人才。可以说，罗老师的这句“学伦理学，做道德人”，伴随着中国伦理学学科的发展和壮大，影响并将继续启迪我国一代又一代的伦理学同仁，真可谓，一句箴言，影响历代学人。

记得当年，江苏伦理学界同仁集体编写了一本《伦理学通论》。一天，趁去北京开会的机会，我怀着忐忑不安的心情恳请罗老师题写书名，没想到罗老师爽快答应，令我喜出望外。据我所知，罗老师为学界伦理学著作题写书名十分鲜见，荣幸之余，我也常常感受到罗老师的厚爱与鼓励。后来，南京师范大学先后成立伦理学研究所和应用伦理学研究所，罗老师不仅都题写了所名，并且还提供了竖写横写的格式，任我们选用。我的夫人郭建新主编了《财经信用伦理研究》一书，恳请罗老师题词，罗老师很快从北京寄来了题有“深入研究财经信用伦理，完善财经信用制度，大力推进社会主义市场经济建设”的题词签，并盖上了印章。这不仅是对作者的鼓励和鞭策，更是对伦理学同仁的要求和希望。今天，罗老师虽然离我们而去，但见牌见字如见人，他永远激励我们在学术的道路上不断前行。

在我的学术人生道路上，罗老师始终无私提携。记得我在中国人民大学进修伦理学专业时，有一天下午，我正在宿舍里写作，罗老师敲门进来，见我一人在宿舍，就坐下跟我交谈了一个多小时。当时交谈的内容很多，谈学习、谈生活、谈工作、谈学术，说是交谈，其实是给我单独上了一堂人生哲学课，顿时让我对眼前这位和蔼可亲的老师、长者肃然起敬，心存感激。我一直记忆犹新的是，罗老师在谈话中要我多读书，要有自己的思考，要站在学科前沿搞研究，要让理论真正解释和解决社会现实问题。可以说，我一生的学术路向和学术风格深深地烙上了罗老师当时的谆谆教诲。

从我在中国人民大学进修伦理学毕业至今，已有 30 多年。每次参加伦理学的学术会议，每次聆听罗老师在会上的学术演讲，都在享受一次丰盛的学术大餐。2001 年，在我们南京师范大学召开的全国第一次经济伦理学学术研讨会上，罗老师专程到会祝贺、演讲，会议间隙，他乐意和年轻人亲切交流。同样记忆犹新的是，在会议上，他语重心长地说，经济伦理学作为新兴学科，只要坚持以马克思主义为指导，好好耕耘，必有收获。现在看来，我国经济伦理学的发展态势，的确验证了当时罗老师的教导。那次会议，罗老师还告诫青年学者，做学问要力求创新，要立足为社会服务，这就是今天强调的学术创新要高平台、接地气的理念。

随着《中国经济伦理学年鉴》续集的不断出版，《年鉴》已引起学界越来越广泛的关注，在推进我国经济伦理学乃至伦理学的研究和学科发展上发挥着独特的作用。这项得到学界赞赏的事业，与罗老师的关心、支持是分不开的。记得在北京召开的一次《思想道德修养与法律基础》教材编写会上，我把主持编辑《中国经济伦理学年鉴》的设想向罗老师作了口头和书面汇报，罗老师在表示全力支持的同时，欣然同意担任《中国经济伦理学年鉴》编委会主任，随后又认真审阅、修改了《年鉴》的编写设想和计划。他对我说："这是我国伦理学界第一部年鉴，要精心规划、精心组织、精心编撰，使之真正成为经济伦理学乃至伦理学研究的权威信息资料库。"多年来，罗老师提出的这三个"精心"，成为我们编撰《年鉴》的工作宗旨。今天，《中国经济伦理学年鉴》已出版 11 卷，引起了学界的广泛关注，在推进我国经济伦理学乃至伦理学的学术繁荣和学科建设上发挥着独特的作用，并在国际上也产生了一定的影响。可以说，没有罗老师当初对编撰《年鉴》的支持和鼓励，没有罗老师长期的关注和指导，就不可能有今天已经连续出版11卷的《中国经济伦理学年鉴》。

最使我难忘的是，罗老师先后为我的拙作撰写过2篇序言，每篇序言都是他在认真阅读书稿的基础上写成的，且每篇序言都有画龙点睛之功，可谓字字洋溢鼓励，句句闪烁光芒。在为我的《道德资本与经济伦理》（自选集）作序时，罗老师虽已重病在身，但听说我要出自选集并有意请他恢复健康后作序时，他欣然允诺，并很快在病中给我写好了序言。当我在罗老师家拜接纸质序言稿时，罗老师对我说："小锡啊，我现在体力不支，不再为他人作品作序了，但你的自选集要出版，我很高兴，我要为你写好这篇序言。"那一刻，我不知说什么好，唯有眼含热泪，不断地点头并鞠躬致谢。师恩如山，无以为报，唯当竭尽所能，致力于罗老师开创的事业，以不辜负罗老师的关爱与提携。

罗老师的精神永存！罗老师永远活在我们心中！

（注：罗国杰，我国当代著名哲学伦理学家，原中国伦理学会会长、中国人民大学副校长）

先　走　了

在家乡的一次朋友聚会上，因我要赶乘高铁列车回南京，席间我起身告辞说："我先走了"，随即一位初次见面的朋友说："你的告别话语不当，'先走了'三字不吉利，应该说'先行离开了'"，我当时马上改口，并在一片笑声中向诸位朋友告辞。

回想起来，感觉这个朋友说的倒也有道理，因为"走了"的俗语可以是指"死了""去死了"，故某人死了一般会说某人"走了"。这言辞是对死和死者的敬畏和尊重，当然，也内涵或说明人们忌讳说死，甚至也是怕说死。

求生本能人皆有之，但是，"走"是必然的，只是在什么时候什么情况下"走"，各人不一样，也无法预测。不过，由于人生之必然和偶然因素的辩证机理，人在什么时候什么情况下“走”，又是“定了的”，当然，这“定了的”既然是由人生必然和偶然因素的辩证机理决定的，这就意味着人可以通过积极努力、健康生存在时间上和空间条件上改变“定了的”。故，没有必要没话找话提死的话题，更没有必要怕谈死或怕死。因为，活着没有死，死了不知死。由此，坦然面对死的话语、死的问题和迟早必死的现实，这是对生的理性的认识和把握，体现的是乐生的境界。

小学语文老师上课时说的一句话使我终身难忘，他说：“人生下来就开始走向死亡，应该好好珍惜和享受由生到死的过程。”细细品味，这句话是内涵深刻的人生哲理。也就是说，人总是要死的，但生着就应该有意义地活着，就应该过好每一天。然而，有意义的人生，乐活每一天，这需要是积极的人生，努力的人生。否则，活着等于死了，享受也是不可能的。

我和我夫人都是研究哲学社会科学尤其是人生哲学的，对生死看得比较透，因此，我们对死的话题从不忌讳，且有许多共同话语。例如，我们都认为，到病重不治时，绝不做开刀插管之类手术，因为，此时，痛苦中多活几天已毫无意义，少活几天已无所谓，早“走”就是一种“解脱”。所以，我是主张“安乐死”的。我们还认为，一旦“走了”，没有必要举行什么告别（哀悼）仪式，设灵堂更是麻烦亲朋好友，至于什么追思会之类的活动也应该免去。我们不喜欢此类让人心情沉重的相关仪式。说实话，不搞告别（哀悼）仪式，给熟悉的亲朋好友留下鲜活、气强的形象是最好不过的“结局”。同时，不开追思会，给亲朋好友留下他们各自内心的记忆、认识和评价，这不失为一件有意义的事。我们还意见一致地决定，一旦我们先后“走了”，最好一起供奉一棵常青树的生长。我们共同拟定的黑色花岗岩上的墓志铭是：德者美，美者乐，乐者康，康者寿。愿识此“铭”者青春永驻、精神永生！

现在，老者意愿写遗嘱，甚至30多岁的年轻人也时兴写遗嘱，而这对于我和我夫人来说，没有更多的必要，因为对于家人来说，该交待的做人问题、发展问题、生活问题、家产问题和图书资料问题等，平时有意无意都说了，我们相信家人和子孙们不会辜负我们的基本理念和希望。对于他人和社会来说，我们想说的心里话乃至一些人生理念在发表的文章和著作中都有，期盼在遥远的将来，学界乃至社会还有人在阅读和研究我们遗留的文献。更希望我的在海外出版的《道德资本研究》（英文、日文、塞尔维亚文)、《道德资本论》(英文、德文、泰文)、《中国传统经济伦理思想》(韩文)等著作能不断地有国外学者关注。如果国内学界给予我的“道德资本家”雅号能在国际上获得赞赏和认同,那应该是我人生最大的幸事之一。

人们常说,“儿孙自有儿孙福”,言下之意是不要太关注或纠结于儿孙的发展与痛痒。辩证地看,教育、帮助儿孙是做家长的责任,义不容辞。但是,到了一定的时候,尤其是儿孙们长大成人了,儿孙自有儿孙的发展理念和生活主张,长辈们的确没有必要事无巨细地操心,至多给以必要的提醒、帮助和指导即可。同样道理,对于一个单位和一项事业来说,原来的所谓领导人、带头人、负责人等,不管后继者承继你在位的领导、带头、负责时的元素有多少,事业总是会发展的,即使有曲折,也是发展过程中的特殊节点,不必过多担心甚至瞎操心。后人自有后人样,对于正常的有成就的领导人、带头人、负责人来说,像样的后人是你的荣耀,不像样甚至背叛你的后人也能佐证你的荣耀。故,一切担心皆是多余。更何况,好的经验,好的思想,好的成就,不管他人有何评价,它都在那里,有价值的精神财产和历史记忆是黑不了、抹不了的。

更何况，离岗了或退休了，担心就是不信任，招人嫌弃，何苦呢！为此，百年以后的人和事更不用你来担心会怎样怎样。要知道，不管道路多坎坷，时代车轮一定是不断向前的；就是阴雨天，太阳照常从东方升起，只是暂时看不见太阳而已。

中国人有句俗话，即“人死为大”，这在一般情况下，人们应该持有这一理念，因为，既然人已经“先走了”，给一点尊重、敬意、宽容和同情是人之良心使然。假如在人的身后说三道四，甚至或暗自窃喜、或幸灾乐祸、或泼脏水等等，那是不成熟、不理智的“小人”之举。而且，事实上，在人身后有这种心态和言行的人，缺少了点人的基本的生死哲理。要知道，尽管你是年龄大者，但说不定没有“善终”，比“走了”的人更惨；要知道，尽管你是年龄小者，但说不定你还活不到这个年纪；要知道，尽管你是同龄者，但说不定接着“走”的人是你自己。故有必要对“先走”之人说三道四、暗自窃喜、幸灾乐祸甚或泼脏水吗？因此，避免这种完全有可能“五十步笑百步”的人生境况，敬畏生、敬畏死、敬畏德，是人生智商、情商之“要领”。而且，有此智商和情商的人，心态好，而心态好是人健康长寿的重要“基石”。

人生难得知己，因此，同道可以很多，但朋友定是有限的。哪怕是我的180多名研究生弟子，也不会个个都是朋友，更何况有的“不齿”的曾经的所谓弟子，早就进入了我的“鄙夷视域”。因此，不要计算着“走了”会有多少人把你当回事、甚至永远记住你。更何况，朋友都有忙不完的事，哪来闲心总是关注“走了”的人。为此，活着照顾好自己，不断完善自己，心安理得地“走”，无怨无愧地“走”，无需考虑身后的评说。身后产生不同的评说，那是最正常不过的事情，因为，任何人的一生言行不可能完美无缺，更何况，社会是复杂的，人们的评价眼光也是不可能“一条视线”。当然，如果被“人渣”恶意中伤，那不仅不是坏事，更是你的一种荣耀。至于一些人生理念或理论观点，不管身后受到他人的赞赏还是批评，那都是一件好事，说明人们在关注你的多少值得关注的思想和行为。并且，赞同的或反对的理由的阐释和辩论，最终都只会说明真理就是真理，谬误就是谬误，并进而要么进一步明确甚至完善了你的有价值的思想，要么在你的被质疑的思想激发的辩论中推动了思想的进步。

当然，“走了”留下影响他人的精、气、神，甚至留下产生学术价值或社会影响的思想遗产，那就意味着“没走”，这有多好啊!

我希望“百年”之时是轻松地、悄悄地、没有遗憾地“走”,愿“走”后有亲朋好友随即再欣赏和转发我的这篇散文,并在平静的心情中深思文中相关理念。

祈愿我们都向长寿进军!祝愿人们尤其是后生们都能赶上特长寿乃至永不消逝的生物科学技术,让人生活的更加精彩。

写于2018年春天

家乡白龙寺

我小时候经常听大人们说家乡白龙寺的故事，早先虽然没有去过离家不远的白龙寺，但故事在头脑中留下了深刻的印象，总感觉白龙寺是个神秘、梦幻的地方。四年级时，南村小学组织了一次大石山春游时才知道，原来大石山顶就是我一直想有机会看个究竟的白龙寺。

时隔半个多世纪，我于近日约请范国华等几位好友再次登大石山游白龙寺，经崎岖的山中小道爬上山顶时，其壮丽的山河景观着实让人叹为观止，再“嵌入”白龙寺的传说，我们似乎一下子进入了“人间仙境”。

白龙寺的传说，其实是濑水先祖“感恩”精神的形象表达。传说古时候的一天，姑嫂两人带着木桶和扁担，准备到河边抬水，走到河边时，小姑子拾到一枚个头不小的

“白壳蛋”，随即放在怀里，待小姑子回家后发现这只“白壳蛋”不见了。在疑惑还没有消除时，新的疑惑又因小姑子的肚子似乎无缘无故地一天天长大而产生。随着时间的推移，在被误解和家族的排斥中，那位小姑子在大石山顶的“飞来巨石”边的悬崖石洞中生下了一条小白龙。而后，小白龙与母亲在石洞中艰难生活，相依为命。为报答母亲的养育之恩，小白龙经常帮助母亲觅食，并在巨石边凿了个泉水池，以供母亲随时取用。同时，小白龙还主动利用自己的特有本领昂首巨石，为民众唤雨抗旱，以保五谷丰登。后来有一天，小白龙要背母亲回到“天上龙宫”，并告诉母亲“飞天”时不要睁眼，否则会因“恐高”而掉下来。当地老百姓在知道小白龙带母亲上天后，敲锣打鼓地欢送小白龙母子俩，结果，母亲在地面喧嚣热闹时睁眼看了一下，随即滑落龙身，跌落在大石山顶，并迅即变成了以往小白龙经常盘踞的“飞来巨石”西侧的另一块巨石，从此，两块巨石似乎成了不离不弃的挚友。尽管白龙离去了，但是，人们心中的大石山顶就是白龙母子的寺院，并祈愿他们母子常驻寺院。难怪许久以来，老百姓只要遇旱灾，就会到白龙寺祈求白龙帮助，保佑天降雨露。尽管这只是个民间传说，但它至少反映人们对感恩、报恩的推崇和对善人、善举的敬仰，反映好人有好报的心愿。

小白龙母子的故事感动了历代无数溧阳人和游客，以至于被历代骚人墨客关注和传颂。山顶摩崖石刻中的“率真”“同在”“观自在”等是对小白龙母子深情和善良德性的写照。据说李白到溧阳专程游察了白龙寺，并欣然写下刚劲有力的“壮观”两字。我猜想，李白的“壮观”两字，至少反映了他当时的两种心境：一是立于大石山朝西尽头山巅，放眼远眺，一览西南众山之小，且山峦叠嶂，云雾缭绕，眼收东北流河之多，且百舸争流，帆忙鱼跃。高山与平原相嵌，河水与湖塘相接。远看绿树成荫，近望花团锦簇。实乃一幅波澜壮阔的立体画卷。二是简陋奇石成寺院，“感恩大德”惊天地，令无数“神”“民”为之动容落泪、天地万物为之“叩首”。家乡还有关于浣纱贞女和“金瓜子”的传说、目莲救母送乌饭的故事等等，主题都是抒发感恩情怀，李白此时由“感恩”抒怀、感叹，也是情理之中。家乡感恩故事甚多，流传也深广，难怪家乡人自豪地称颂溧阳是“感恩之乡”。

我对白龙寺的印象倒可以用“奇观”两字来概括。“奇”在白龙的传说不知依托的何种“原型”，或来自何种缘由，传说却似乎越传越神、越传越真；“奇”在两块巨石及其大小石洞的自然“组合”竟然成了远近闻名的白龙寺，且朝拜、祈求者陆续不断；“奇”在巨石边石池中的“幽泉”之水常年不断，似乎有一种“无形的力量”在掌控着。

中国白龙寺很多，有江苏丹阳白龙寺、江苏海安白龙寺、浙江萧山白龙寺、湖北五华山白龙寺、四川乐山白龙寺、湖北仙桃白龙寺、福建泉州白龙寺、云南昆明白龙寺、陕西西安白龙寺等等，均历史悠久，且都有感恩、乐助等美妙的伦理传说，是我国寺院文化一道亮丽的风景线。家乡白龙寺特别神秘之处在于有寺的称呼和地方，没有寺的殿堂，几块“仙石”和崖洞造成了“活龙活现”的美妙传说，“铸就”了中国寺中奇观。故，人生能见识溧阳白龙寺也是一件难以忘怀的幸事。

写于2017年秋

感恩家乡

我的家乡是素有“鱼米之乡”“丝绸之府”“茗茶之地”“生态之城”等名副其实美誉的古城溧阳，是我一直怀揣着感恩之情的地方。

上溯至我的家庭祖辈，乃数代文盲。我年幼时，不识字的父母对我最大的希望是读点书，将来能成为一位先生，为家庭增点光彩。在他们眼里，先生就是自己识点字并能教小孩识字的人。我的父母压根儿没有想到，后来的我竟成了大学教授和博士生导师。

一位校友曾经在给我的贺年卡中这样写道：“从穷孩到教授不亚于从奴隶到将军”。这是至高的赞誉。而在这被赞誉的成就之中，凝结着家乡的力量和要素。

家乡溧阳这块土地养育了我，尤其是家乡的民俗民风的熏陶，使我多少拥有溧阳人的兼具吴韵汉风、山刚水柔的精、气、神。我“骨子里”就是溧阳人，难怪经常有朋友打趣地对我说：“你就是溧阳人，跑到哪里都能看出你是溧阳人”。听到这话，我为我深深地烙上了“溧阳人”的印记而自豪。其实，我在外很愿意说自己是溧阳人，因为我感恩溧阳，是这块土地上的溧阳人给了我无限希望和无穷动力。

启蒙对于一个刚刚懂事并在好奇地面对世界的孩子来说是件头等大事。但我作为“50后”，在孩提时没有听过一个像样、完整的故事，更不知道作为学前教育的幼儿园是什么样，以至于我到今天还对这段人生缺失有所遗憾。但是，虽先天的启蒙不足，我不会忘记，我的人生首先得益于小时候在家乡接受的知识传授，尤其是精神层面的启蒙培育。

记得读初小时，条件很是艰苦，可谓是“两个土墩一块板(课桌)，自带凳子上‘复班’(不同年级在一个教室分两边坐，轮流或上课或做作业，即一个年级上课，另一个年级做作业)”，但是，条件差不影响知识启蒙，有些课本、文章及其意境我现在都能背诵和复述。尤其是当年所学的拼音让我受用一辈子，以至于我现在电脑打字用的就是拼音输入。呵呵，尽管我喜欢拼音，但就跟学外语需要语言环境一样，由于当时没有普通话交流环境，故我虽然拼音基础好，但离开家乡近40年，讲的还是一口“溧普话”。知识启蒙重要，但更为重要的是，学校及老师们潜移默化的德性培育影响了我的成长。如任课老师兼班主任彭菊英老师用每天坚持早到校至学期结束可以获奖的激励办法，培养了我的进取心和荣誉感。虽然学期结束时最好的奖励仅仅是一支铅笔，但人生第一次获奖和荣誉值得我一辈子回忆。

对我来说，如果说小学的知识和精神启蒙是基础，那到了初、高中（初中为溧城镇初级中学，现为光华中学。高中为溧阳县中学，后恢复为江苏省溧阳中学）时，书本内外的启蒙，已经开始较为深刻地影响我的人生理念。尤其是学校老师的一举一动不仅影响我当时的思想和生活，更影响了我的一生。记得初一时我因家境贫寒而不想读书，跑回家放羊、割草、做家务。班主任史云初老师带上几位同学追到我家，在农村那一贫如洗、仅有20多平米的茅草屋里，语重心长地对我说，想要改变贫穷面貌，不能没有知识，不能不读书。史老师在我家中的一席话，让我深受感触，使我回到了学校，否则，我一生将是个初中辍学生。依然还记得读高中时，王恬庆校长对我特别欣赏和器重，经常微笑着鼓励我说，好好努力一定会有出息。这微笑、欣赏、鼓励、期望式的启蒙，着实激发了我对未来人生的憧憬。

中学对我的启蒙不胜枚举。初中狄瑞麟校长的以校为家、每天巡视校园的身影；孙薇华老师每天放弃休息时间在晚自习前的广播教唱歌曲；吴洪彬老师经常在他家中手把手教导担任班长和团干部的我如何开展工作；史水保、陈水明等老师不时地对我关于人生目标和人生态度的点拨；郑再福老师在黑板报书写“王小锡同学二三事”的情景，等等。这些都在不同角度给我以人生的启迪，我由衷地感谢我的所有启蒙老师。当然，我的启蒙，不只在学校，社会对我的启蒙也使我终身受益。记得小时候，我家老者已经失去劳动能力，小者尚无劳动能力，故家中很穷，靠借钱借粮过日子。但最使我欣慰的是经常有好心人以各种形式帮助我们，如我的邻居马志保一家，在我家人多茅屋小、无法正常居住的情况下，让我长期住在他家，他们全家不仅没有任何怨言，而且像家人一样对我热情照顾。这种淳朴无私的品质影响了我一生的为人风格。这些都是无声且深刻的启蒙，我十分怀念小时候受到深刻启蒙的清贫、淳朴、友善的生活环境。

从学校到社会，这是人生的重要转折点，有没有人帮助点拨，就像航船有没有指南针一样，否则，学校的启蒙教育将不能延续甚至转型。其实，人生就是这样，在一定意义上，启蒙和点拨将伴随终身。至少，任何人不可能穷尽知识，对于未知领域想进入并有所收获，那么，哪怕是教授还得接受“启蒙”和“点拨”。我高中毕业踏上社会时，曾顿感无所适从，是先后一批批领导以他们的言传身教把我这个农民的儿子引上了较为踏实稳健的人生之路。

我于 1970 年高中毕业回到家乡数月后，当时的大队书记周复生选送没有任何特殊背景的我参加所在城西公社驻村工作队，这是我人生的一个重要转折点。而后由于我的工作态度得到领导和周围人的认可，且喜欢“摇笔杆子”，先后被选拔为公社广播员兼文字秘书，以及后来的团委书记兼公安特派员、党委秘书等。在时任党委书记王连根身边的岁月里，我随他一起下乡，一起劳动，一起生活，一起探讨文字功夫，并经常同床入睡，真乃亦师亦父。其间，王书记不厌其烦地给我讲人生理想，讲生活体验，讲工作方法，讲处世理念等，可以说，当初我对社会、对人生较为完整而深刻的认识很大程度上得益于他的言行的启迪。特别让我敬佩的是,学历不高的他,实际文化水准让人刮目相看,他给我讲解农业经济俨然像个专家,讲解新闻报道、工作总结和工作报告的写作境界和方法就像个儒官,尤其是给我讲解唯物辩证法时更是让我肃然起敬。

在公社工作队和机关工作的6年多时间里,还有一批领导和同事的品质、作风和特有个性深深影响了我,使我受益匪浅。诸如狄海保的率真和善意、蒋金生的聪颖和勤奋、胡国宝的斯文和友善、蒋荣林的细腻和认真、吴新华的诚恳和严谨、华增荣的平和和睿智、李文华的豁达和坚持、周志敏的谦卑和进取等等,都在不同维度和不同程度上影响了我的人生。尽管当时在机关最奢侈的生活是偶尔数人围坐,享受一小碗猪头肉加二两五土烧酒的美餐,尽管几乎每天晚餐是免费红辣椒酱拌饭吃,但大家真是开心愉快。因此,这个清廉、团结的工作集体,是我一辈子想念和向往的"大家庭",是影响我一生的有魅力的团体。我由衷地感谢我一生难以忘怀的家乡引路人。作为我的人生引路人,还不能忘记善解人意的"公社媳妇"杨桂兰(我习惯称杨会计)和陈玉英(我习惯称陈老师),她们对我亦师亦母般的关照、呵护和叮咛是我永远的生活参照和人生记忆。

游子在外,时间越长,家乡情越浓。谁不说俺家乡好?在外游子都想为家乡父老乡亲做点有意义的事情。我把为家乡做点实实在在的事情当作是责任和享受。其实,我的家乡也在时刻关注游子在外的生活和发展。曾几何时,一年一度的南京家乡人聚会,家乡领导们带到现场的不仅是问候,更是鼓励和支持。家乡人平时的哪怕是一丁点儿的关注和帮助,我都感到莫大的欣慰和荣耀。家乡人的关心和支持是我人生道德路上不可多得的精神支柱。

离开家乡近40年的时间里,家乡父老乡亲不仅没有忘记我,而且一直在关注和支持我的工作和发展。尤其是一批如师如兄般的家乡干部,对我是厚爱有加,时刻在关注和宣传我的发展和业绩,激励我在人生的道路上奋力前行。原市委书记王悦林见面就是热情的寒暄,要我经常回家乡看看,并要我为家乡发展多做贡献,这是诚挚的认同和期待;原市委常委、常务副市长彭留双对我更是多年来不遗余力地支持、宣传和鼓励,当看见他在《溧阳时报》发表的《当代经济伦理学界泰斗——王小锡》一文,我在受宠若惊之际，有一种朝着“过奖”之目标好好努力的念头；原市委副书记袁再保、崔国伟和市人大常委会副主任陈育新、副市长赵忠保等的亲切的“小锡”称呼或言语不多的亲切对视，以及对我人生的由衷关注和支持，都激励我不断进取前行；历任市委常委、宣传部长的路发今、沈福新和张爱文对我撰写的《溧阳赋》给予了真诚的首肯、赞赏和支持，尤其是路部长的“很好”两字的评价，沈部长的“写得豪气大气，赋得精彩出彩”之赞誉，现任张部长亲自参加我的石刻《溧阳赋》落成天目湖山水园的典礼，让我深深感到家乡情深；不久前刚刚升任溧阳市人大常委会副主任的原市教育局局长范国华，论辈分我是他的老师，因为我是南京师范大学政教专业 79 级班主任，他是苏州大学文学专业 79 级学生，但他是我钦慕的朋友，我们是乐意交流的挚友，我从与他的交往中在更深层次认知了许多文化及文学视角独有的人生体悟和当代儒官的工作境界；原市民政局局长姜建才，在关注我的人生发展过程中不时地建设性交流，使我受益匪浅；现任溧阳电视台台长沈伟主持下拍摄的《天南海北溧阳人——伦理学家王小锡》视频连续多次在溧阳电视台播放，让我在深感荣耀的同时，深知这是家乡对我的鼓励和期望；原广电局副局长陈芳梅撰写的《善于道中取乐在苦中求——记我国著名伦理学家王小锡教授》收录在《天南海北溧阳人》一书中，市文联副主席、民间文艺家协会主席邓超撰写的《乡人王小锡——记中国伦理学家、南师大公共管理学院院长王小锡教授》发表在《溧阳时空》杂志上，使我深感家乡的重视与抬举。

不能忘怀的是，长期以来一批企业家对我学术研究给予的无私支持。例如，20 世纪 90 年代初，在我研究经费欠缺的情况下，企业家史优良（江苏冶建防腐材料有限公司总经理）慷慨解囊资助我出版学术著作，更激发了我的学术热情；企业家江旺庚（溧阳市周城食品有限公司总经理）长期支持我带领的科研团队和学生社会实践小组进行的社会调查活动，为我们科研平台的提升和人才培养提供了难得的条件，等等。

我心中要感恩的家乡人和事，还有许许多多，非本篇短文所能叙述和表述的。

家乡人的无私、纯朴、真诚的品格以及对我的认可、抬举和支持，是我一生取之不尽、用之不竭的动力源泉。尤其是每当我人生遇到不愉快甚至挫折时，我会从家乡情中获得愉悦和活力。

家乡情深，乡恋永存，“溧阳”两字，在我心中万分厚重！

祝愿我美丽的家乡永远辉煌！祝愿我亲爱的父老乡亲永远幸福！

（写于2017年10月）

溧阳赋

江南古邑，溧水以北，水北为阳，故称溧阳。名起春秋[①]，县始秦皇[②]。历代重镇，千秋煌煌。后世曾曰永平、永世、平陵，隶会稽、彰郡、丹阳、扬州、金陵、江宁、镇江，元、明升为溧州、溧阳府、溧阳路、溧阳州，今撤县设市，属江苏常州。此其史地沿革之大略也。

远纪瀛海奥区，沧桑兮悠悠万古。人类发祥之地，始祖兮中华曙猿。[③]

夫其形胜也，山高水长，巍巍晖晖。东临湖海，西接楚地，南望天目山，北眺长江水。西南层峦叠嶂，东北秀水萦纡，山水相拥，犹如太极，大地生辉。鱼米之乡，丝绸之府，茗茶之城，“鸡鸣三省”[④]之富庶地焉。

夫其风景也，天光云影，水秀山清。天目湖，山抱水，水拍山，万般绚丽，若西湖北漂至此兮，画意诗情；长荡湖，水涵天，天映水，一色水天，如太湖西浮至此兮，波撼气蒸。密布水流，轻舟荡漾，如意纵横。千山万壑，氤氲缭绕，神仙洞庭。南山竹海，无垠绿浪，琅玕敲韵兮，似琴瑟之和鸣。横涧古松，耸入云霄，松雄树帝兮，若群山之侍兵。古桥奇葩，棋布江河，千姿百态，巧夺天工。平桥石坝，扼锁山洪，四季飞瀑，流泉铮琮。绚景美不胜收矣。

夫其美馔也，佳饮名肴纷陈，色香味形齐全。瓜果栗茶，依山傍水，雨露润兮，香淳甘甜。溧阳白芹，晶莹似玉，爽脆嫩兮，蔬林绝观。周城火锅，溧阳扎肝，饪哲范兮，腻弱肥鲜。南烛乌饭，紫晶剔透，补精益气兮，固本驻颜。砂锅鱼头，琼浆玉液，稀鲜隽美兮，味甲昊餐。美味佳肴，难以缕述也。

夫其文化也，厚重积淀，高山仰止。带柄石斧⑤，神墩遗址⑥，青铜蟠虺文双耳三足盘⑦，石刻井栏⑧，宋代团城，深沉远史。狮舞马灯，知古傩戏，流风未替。焦尾琴⑨兮，七弦乐奏故里。贞女碑兮，数说至诚仗义。千古名刹，报恩禅寺，集神韵佛灵之气。伍员山、瓦屋山、读书台之传说，酒习、茶艺之民俗，蕴身正刚毅、厚意真诚、宽容感恩、尚善笃行之濑江伦理。骚人墨客，溧地抒怀，脍炙人口诗篇，人伦道德文章，千古唱传。孟郊《游子吟》，“谁言寸草心，报得三春晖”，铸母爱孝道诗吟经典。李白数进溧阳，流连忘返，把酒吟诗，力书豪迈诗篇。当今文化，同步时代，文采文品，特色彰显。古往今来，文脉欣荣，不可胜纪焉。

若夫风流人物，古今迭出，后浪推前澜。中华志士仁人，溧子群星璀璨。汉溧阳侯史崇，唐纳言史务滋，明著《农经》、人称“仙才”马一龙，清数朝元老史贻直，状元、榜眼、探花“三鼎甲”之“七贤”[10]，历朝进士，各方人杰皆文渊也。前哲往矣看今贤。中华崛起，革命志士；科技领军，两院院士；人文社科，各路豪杰；经济社会，管理英才；曲艺书画，群英荟萃，各有建树，青史可镌也。人物风流，不胜枚举，兹从略矣。

至若革命传统，代代相承。历来英豪兮，正气浩然，至大至刚，善举高扬，邪恶必惩。昔年日军，犯我神州，洪水野兽兮，来势凶猛；中华儿女，奋起抗击，万民一心兮，众志成城。雄狮所向披靡兮，推进勇猛；敌顽狼子野心兮，黄粱一梦。“水西精神”，传颂恒久也。

噫吁嚱！溧阳文明，世世相传。宏伟史诗，续写新篇。和谐聚力，生机盎然兮，蒸蒸日上；创新发展，万象更新兮，跻身百强。水陆空四通八达，农工商百业争先。美丽乡村，幸福长寿，卫生环保，绿色生态，旅游休闲，名闻遐迩，荣膺全国兮，诸多桂冠。田园城市，欣欣向荣，盛世气象兮，国泰民安。濑江儿女，不骄不矜，戮力拼搏兮，快马加鞭。明日之溧阳：城将更美，人将更靓，水将更秀，山将更清，日将更丽，天将更蓝哉！

注释

① 名始春秋：春秋吴国即有“溧阳”之名。

② 县始秦皇：秦始皇时建溧阳县。

③ 中华曙猿：经中外科学家联合考察和严密论证，溧阳上黄镇夏林一带发现的距今约 4500 万年的中华曙猿（化石）是包括人类在内的高级灵长类的共同祖先。

④ “鸡鸣三省”：指溧阳地处苏、浙、皖三省交界，形容鸡叫传三省。

⑤ 带柄石斧：国家一级文物，新石器时代工具。

⑥ 神墩遗址：溧阳社渚镇发掘的马家浜墓，距今 6000—7000 年。

⑦ 青铜蟠虺文双耳三足盘：战国时期用具。

⑧ 石刻井栏：唐代文物。

⑨ 焦尾琴：中国古代四大明琴之一。据考证，焦尾琴是东汉著名文学家、音乐家蔡邕隐居溧阳时亲手制作，故溧阳是焦尾琴故里。

⑩“七贤”:古代溧阳先后录取为“三鼎甲”的有7名,他们是状元普颜不花、马世骏,榜眼宋之绳、任兰枝,探花陈名夏、黄梦麟、任端书。

(2017年4月修订)

石刻《溧阳赋》随想

2013年4月6日，即一年前的今天，《溧阳赋》石刻落成天目湖山水园，这是家乡和家乡父老对我的厚爱，也是天目湖敞开信任臂膀的接纳。难以忘怀的是市委常委、宣传部部长张爱文同志亲临《溧阳赋》石刻落成典礼，原市委常委、常务副市长彭留双同志发表了热情洋溢的致辞，市委、市政府其他一些老领导及市部、委、办、局、镇等相关领导到场祝贺。这真是，家乡情深，情深家乡。

当初，我作《溧阳赋》的初衷是力图承载溧阳的山水林园、风土人情，好山好水好风光、善人善事善文化；展示溧阳的风水宝地、物产富饶，地灵人杰名士多，风调雨顺鱼米香；期望的是溧阳美丽灿烂、吉祥辉煌，山美水美人更美，热烈祥和颂太平。同时，力图以美妙的韵律、雅俗共赏的词藻、求真务实的风格，期盼家乡父老乡亲及读者能欣赏和喜欢《溧阳赋》。在《溧阳赋》石刻落成一周年之际，我和一些好友再临天目湖，想再次体验一下石刻《溧阳赋》的文化意味和品味感受。欣慰的是，家乡原市委常委、市人大常委会副主任沈福新同志的"《溧阳赋》写得大气豪气，赋得精彩出彩，石刻落成是件功德无量的大事好事"的评价给了我莫大的鼓励。

我写《溧阳赋》是纯属情之所致。我小时候最喜欢冬天的雪，家境虽贫寒，身上衣裳单薄，但只要天下雪，我和小伙伴一定会到户外打雪仗，可谓开心至极。5年前的一个深冬，大雪纷飞窗前白，登楼远眺怀旧事。思绪万千：儿时下雪天的雪球、雪人、雪仗，雪后放晴时避风墙脚边的"日光浴"，雪地支撑米筛子的逮麻雀，会留下雪地脚印的稻草堆丛中的躲猫猫，犹如眼前，历历在目，好一派冬日里热闹的田园风光。每每冬去再春来，潺潺溪水淌桃花，拂面春风摇杨柳，黄花绿苗映春光，燕飞鹊叫催早耕；春过夏至，背阴处的乘凉，池塘里的裸泳，烈日下稻田的螃蟹，入夜后的萤火虫，青蛙的"和声"；迎冬之秋，秋高气爽，稻谷飘香，硕果累累，丰收喜悦，洋溢乡间。犹如春秋夏冬的立体画卷，美不胜收。

唉，何不关门谢客，“赋”上一首，宣传天底下最美最好的家乡——溧阳?!

是啊，谁不说俺家乡好？我于1977年初离开家乡，随着时间的推移，家乡情结越来越强烈，以至于我在经历南京、北京、长沙读书和工作的过程中，只要一提起家乡，就会眉飞色舞，如数家珍，展示家乡的美和好。甚至，偶尔出国学术交流，在老外面前也自豪地炫耀溧阳悠久的历史、辉煌的今天，以及天目湖的美景和砂锅鱼头等。令我今天还记忆犹新的是，刚进南京师范学院（现为南京师范大学），我就在同学面前“海聊”，说溧阳是小上海，有机场、火车站、港口，有山顶水库，有三步两墩桥，有百里长山、千里长沟等等，俨然把“长三角”内的机场、火车站、港口等也纳入溧阳圈内，以至于成家有了小孩还在习惯地宣传溧阳今天才有的火车、机场等等场景，为之，老婆、孩子经常打趣地说我一提家乡就“吹”。然而，要用写《赋》来“吹”溧阳，除了讲求文字功夫，还得求真求实，不能乱“吹”。

初步构思《溧阳赋》时，深感不仅要了解溧阳古今，而且要对溧阳的自然、地理、文化、经济、社会、民俗等样样通达；不仅要知道溧阳的特点和特色，更要深谙社会心理；不仅要写实，还要抒情，等等。为此，我约请一些好友阐释我的初步构想，得到认同和支持。随后仅相关专业书籍和介绍溧阳的资料我阅读了不下 200 万字。初稿杀青，800 多字的《溧阳赋》奉至时任溧阳市委、市政府及相关部、委、办、局的部分领导和文学界同仁审阅。不久，他们均给予了热情回音，在表示首肯和赞赏的同时，都以独特的视角给《溧阳赋》提出了十分有见地的修改意见。而后在《溧阳赋》逐步润色、完善期间，我广泛听取意见，其中有我国著名辞赋、韵文专家们的修改主张，有家乡官员、百姓的要求和启迪，有我全家人的点评和文饰，有一批博士、硕士弟子的“七嘴八舌”等等，可谓是集各家真知灼见，故《溧阳赋》乃集体智慧的结晶。

在随后 5 年多的时间里，我几易其稿，最终形成了 1300 多字的《溧阳赋》。

其间，经常为一个字或一个词或一句话翻来覆去地斟酌，例如，《溧阳赋》中的“远古瀛海奥区，沧桑兮悠悠万古。人类发祥之地，始祖兮中华曙猿”，前后不押韵，先后换了几次押韵的句子，尽管意思表达类似，但由于读起来的声调和词汇没有原初的即现在文中的这句子大气，故就干脆让其不押韵，这即保留了所谓的不规则中的美和好。经常为一种情景认真地调研和核实，例如，《溧阳赋》中的“西南山区，东北水乡，犹如太极，大地生辉”，来自于我对溧阳地势的感受，确认于我对溧阳地图的研究和地形地貌的考察，以及在此基础上的抽象概括。可以说，不对《溧阳赋》中所涉景观逐一考察，我不会也不敢贸然仅凭传说、想象提及。经常为风景、美馔、文化、人物等内容的取舍在“特色”“代表”“唯一”“周延”等关键词上探究，例如，溧阳古今风流人物举不胜举，《溧阳赋》列举了少许在溧阳人口中代代相传、广为知晓的古代人物的基础上，以群聚焦，让读者在相关群中或联想或查阅或记忆志士仁人。又如，溧阳“美馔”丰富，但不能叙述太多太杂太俗，最后只提到了瓜果栗茶、溧阳白芹、南烛乌饭、砂锅鱼头等。经常为《溧阳赋》给家乡人可能带来的感受而冥思苦想，作为文学作品尤其是以抒情见长的《赋》，可以夸张，应该有情感渲染，但是，作为写地方之赋，夸张和情感渲染应该有度，否则，要么仅是通适各地的漂亮词汇的堆砌，要么是不接地气的抒情，影响阅读效果，甚至影响读者情绪。为此，我写《溧阳赋》力图求真求实求境界、恰当抒发情感、着力展示家乡优秀品位，真正让家乡父老乡亲读一《赋》而更加知溧阳、爱溧阳。

我虽力求《溧阳赋》有汉赋之韵味、文赋之理性、散文之洒脱、骈偶之音律等等，并坚持藻饰不落俗套，用典规范可靠，讲究思维逻辑，展示写实主义的风格等等；同时，尽管《溧阳赋》发表后赞誉声不少，特别在石刻《溧阳赋》落成一周年后的今天初识市文联副主席、民间文艺家协会主席邓超同志时，他由衷赞赏地说："《溧阳赋》写得见功力，是首好赋"，然而，写《赋》之要求，吾辈学识难敌，此《赋》之不当，吾辈自知难免，还请诸位同仁、朋友不吝赐教。

愿我的《溧阳赋》给读者带来好心情，给家乡带来好运！

（原载《溧阳时空》2014 年第 22 期）

天目湖颂

九天落目，沙河大溪，眸光炯炯，仰望苍穹；

祈福濑江，风调雨顺，平安康乐，千秋煌荣。

远古涧溪，任性不拘，一路袭来，涸灾洪难；

浩荡东风，唤醒大地，万众筑坝，治控蛟龙。

高山平湖，神来天镜，水天一色，天地和合；

层峦叠嶂，翠浪天成，霞云缭绕，大地披虹。

国家林园，生态示范，绿色环境，清新自然；

山水连理，万物共荣，四季如画，姹紫嫣红。

森林纳氧，河溪听雨，山巅沐阳，农家乐土；

山水园美，湖里山秀，龙兴岛趣，神怡流连。

幽深山道，迂回水网，棋布桥园，闲休佳境；

南山竹海，御水温泉，弟一峰山，心旷悠然。

天目湖颂

湖阔水秀，烟波浩渺，粼粼波光，交映蓝天；

云飞水中，鸟翔云伴，云随鱼游，湖若太空。

阅湖太公，福禄寿星，报国禅寺，福运四方；

帖碑石刻，前山琴台，文史胜迹，彩重墨浓。

慈母春晖，贞女殉义，烈士刚正，旷世仁德；

曙猿印记，状元阁楼，伦理传说，积淀厚重。

砂锅鱼头，周城火锅，溧阳扎肝，味鲜隽美；

雁来蕈菌，乌饭板栗，白芹溧茶，神州传颂。

傍湖山村，人间仙境，赏心悦目，宾客盈门；

依山圩乡，大地润泽，鱼跃谷丰，福祉亨通。

南山北水，农林工商，资源丰腴，物华天宝；

天目溧阳，文明同宗，和谐发展，圆梦强雄。

写于 2016 年冬

溧 阳 之 歌

溧阳啊溧阳
你从先秦走来
带着“海洋腹地”的印记
顶着“人类发祥”之光环
风雨兼程从没有停下你的坚定脚步
高山江河也没有挡住你的前行念头
哪怕有时是病痛的身躯还在向前挺进
阳光灿烂你更是冲刺跳跃
春夏秋冬你的额头上始终流淌着艰辛的汗水

一路坎坷
一路收获

溧阳之歌

筚路蓝缕炼达坚韧不拔艰苦奋斗的性格
贞女投河诉说诚信价值追求
焦尾琴弹出礼乐美音
《游子吟》诵就“春辉”之都
“一见平生亲”泉涌“栗里”痴情
“水西精神”闪耀崇高革命品质
绿水青山变金山银山塑造当代溧人拼搏形象
历代志士仁人文韬武略铸就溧阳文明

中华文明有你不可或缺的元素
新时代有你强健的身影
绿色生态是你的最佳图式
富饶丰腴是你的发展常态
全国文明城市　世界长寿之乡是你的骄傲
中国最美休闲度假旅游城市是你亮丽的见证
出苏杭是你最美之城
你是“长三角”一颗璀璨的明珠

翘首尽诗情
举目皆画意

鸡鸣三省醒

山水弄舞早

青山叠嶂成翠浪

网布水流润良田

清新自然人醉氧

一号公路串联梦幻风景

美丽乡村昭示“三农”新气象

梅岭玉承载良渚文化

舌尖奥妙甲天下

山趣　石趣　水趣　桥趣引八方超赞

赏心悦目天目湖拥抱五湖四海宾客

水　陆　空环球联通

濑水精　气　神播散天南海北

自豪　雄踞全国百强县市方队

愿景　接轨南京　做强幸福经济

奋斗　70 多万濑江儿女的精神寄托

溧阳啊

追梦永远在路上

青山绿水为你呐喊

淳朴民风为你加油
接力棒永远在奋斗者的手上
你的明天将更美好

写于 2019 年 8 月

月亮神韵

我小时候很喜欢月亮，不管是月圆还是月缺，只要我关注天空的月亮，总会发现，在我走路时，月亮一直在“跟着我”，在池塘边，月亮又会与我“贴面相遇”，似乎是不离不弃的好朋友。在经常听大人讲月亮上的天宫、玉兔、嫦娥等故事后，更是对月亮有一种神秘和“向往”的感觉。现在用“专业”的眼光看月亮，它有一种伦理的神韵，让人仰望。

“追梦”。人们常说月亮是天上仙境，在月亮上生活就是神仙过的日子，因此，嫦娥飞天奔月故事隐喻着人们对美好生活的向往和憧憬。月宫里的小白兔，也是隐喻月宫是万物生灵的好去处。事实上，人类登月的成功，中国“神舟”的太空来回，意味着人类追求、实现梦想已成常态。故,月亮的传说均为人间美好梦想的一种表达方式,飞天成功是实现梦想的经典写照。

“忠诚”。月亮始终围绕地球在周而复始地转圈,近距离地与地球保持“接触”,要么在云层中“躲猫猫”,要么有规则地让地球潮涨潮落,要么在阴雨中破云而出,照得条条细雨像天降银丝等等,从不让地球寂寞。不仅如此,它还“拾遗补缺”,借太阳光辉反射地球,“尽力”弥补晚上黑暗无光的时刻,为地球“增光”。不可想象,地球没有了月亮会是怎么个状况。月亮算得上是不离不弃的忠诚卫士的象征。

“聚力”。月亮在晚上虽“一球独大”,但从不因此“狂妄自大”,更“不排斥”任何或大或小、或远或近的星星,而是“和谐共处”,并以“温文尔雅”的存在,衬托星星的闪烁之“精灵”和“活力”,难怪“众星拱月”成了自然界的永恒景观。由此,我想,月亮的凝聚力来自于它特有的“品性”:虽具有独特的魅力但十分“低调”;虽与太阳、地球结缘,但不见“傲气”;虽夜晚“独大”,但没有“霸气”,并乐于与众星祥和共存,乐于衬托他物的存在。

“忙活”。尽管“众星拱月”,但月亮毕竟在太空中独一无二,代表着“孤独”,而且,与太阳比,体小光弱,热度不够，与星星比，比不过星星的繁多与璀璨。但是，月亮没有闲着，它在不断“接待”地球“派遣”的访客时，也在不断“接纳”天外陨石“来客”；在漫漫长夜中，要么“躲在地球背后”让生灵安睡，要么以柔和的夜光让万物养息；有时，月亮和太阳还“不约而同”地在东方和西方同时出现，在“遥望”和“对话”的同时，让地球“欣赏”他们的“约会”。月亮是独自“忙活”甚至“乐活”的太空“骄子”。

“启智”。月亮在人类和宇宙之间架起了启发智慧的桥梁。人们通过接触和研究月亮，以独特的视角进一步认识了宇宙，并更进一步认识了自身居住的地球。还因为月亮的存在，人们进行了要么与月亮直接相关的诸如“天狗吃月亮”(月食)、月圆与月缺等等的各种科学研究，要么受月亮与地球潮汐关系等等的启发，展开对相关事物的科学探索，不仅获得了对许多未知领域的新认识，而且激发了人们许多新的灵感，不断开启新的求知旅程。更有甚者，将来人们还将月亮作为根据地，并通过月亮这个跳板去探索更远更大更广的未知世界。

长 江 老 鳖

春暖花开时节的一个偶然机会，我和夫人在南京市郊看到一位老农在路边叫卖一只长江老鳖。当时围观的人很多，七嘴八舌在议论老鳖的年龄、价值和命运等，我和夫人也挤进围观人群中看热闹，当夫人看到足有20多斤重的老鳖时脱口而出，“这么大的老鳖，买回去放生”。这时，原先缩在腹中的老鳖的头一下子伸了出来，顿时让围观的人惊奇不已。

大家的议论话题迅即围绕老鳖的“灵性”“放生”而展开。老鳖听得懂人的话吗？有人说，肯定听得懂，有人说不会听懂，这是机缘巧合。我倒有另一种想法，即这只老鳖听懂人的话是不可能的，可能以前被放生过一次甚或两次，对“放生”两字有本能的“信号感觉”，这也就是一种所谓的“灵性”吧。就像我每天早上给金鱼喂食一样，只要我走近鱼缸，并敲几下鱼缸壁，金鱼会迅速浮到水面抢食，这也是所谓的本能的“信号感觉”。近期在微信上多次看到一头老牛的故事，即，在一个干旱的季节，一天，一头老牛在公路中央拦住了为干旱灾区送水的车子，司机猛按喇叭也不管用，后来司机大概也揣摩到了老牛的喝水意图，便下车端盆水到老牛面前，老牛当时没有喝，只是用叫声唤来了自己的小牛仔，当小牛仔喝足水以后，老牛带着小牛仔让道离开了公路。尽管这个故事不见得真实，但它反映出人们对动物“灵性”和“仁爱情感”的理解。其实，这种体现动物“灵性”的诸如母兽爱幼崽、老牛被宰杀前落泪等情景在我们的日常社会生活中经常遇到。因此，对于濒危动物和有一定“灵性”度的动物，人类不应该任意伤害甚至杀害。事实上，法律也在分类保护很多动物不被侵犯甚或杀害。

不管怎样，长江老鳖听到“放生”两字即伸头的境况是让人好奇的事，而且，这么大的老鳖应该让它回归大自然。议论中，还有人建议老农放生，老农绝对不愿意。我和夫人决定买回去放生。卖主要价是1800元，而且口称“一口价”，不还价。在一番讨价还价中，围观人都帮助说话，都说买回去放生，价格应该优惠，结果卖主也被说通了，决定600元成交。不过，卖主还是怕我们借放生砍价，迟迟不想收钱交老鳖，在夫人表示平时不喜欢吃甲鱼，并让他陪我们去放生老鳖时，他才接下我们的买鳖钱。

我们随即驱车来到长江与秦淮河的交界处，立即将老鳖搬到长江边的一块浅滩上，当时老鳖趴在那里一动不动，无动于衷，似乎不想离开我们。而后当我搬起老鳖准备直接放入水里时，我夫人突然发现老鳖肚子上有伤口，随即动容地说："老鳖，好好'回家'吧，途中注意安全，不要再受伤了，更不能再被捉上岸。"老鳖被放到水里后便慢慢悠悠地沉入江中，过了一会儿，意想不到的情景出现了，老鳖在离我们差不多2米远的地方，浮出水面，露出头，朝我们看了一会儿，好像是在表达感恩之情，并似乎在跟我们说"再见"。我们当时真有些依依不舍的感觉。老鳖大概也理解我们的心情，或者也是依依不舍，在它第二次沉入江中后不久，又在离我们大约5米左右的地方再次浮出水面，露出头，并转过头来朝着我们俩一动不动的仰望，这让我们很激动。我们随即向它挥手告别，口中连连喊着"再见，老鳖"。而后在老鳖第三次沉入江中后，我们面朝长江，站在原地不动，在目送老鳖离开的同时还想再见见老鳖，结果，真还等来了老鳖在较远处的江中第三次露头看着我们，这时的老鳖露出的头已经是一个“黑点”了。当时真希望老鳖能游回到我们身边，带回家把它养起来。可是，当老鳖再次沉入江中后，我们就再也没有见到它的影子。老鳖这三次露头看我们的举动，让我们欣喜不已，我们救了一只“懂事”的老鳖。要不是亲眼所见并亲身经历，任何人要讲这段老鳖的故事，我是绝对不会相信的。这老鳖有“灵性”啊！

我不相信动物有“自觉性”，但是，动物的本能感觉或动物的“灵性”在一定意义上可以与人类“通约”，而且，通过训练，比如搜救，导盲犬和信鸽等动物可以为人类服务。为此，保护动物是人类应有的职责。其实保护或拯救动物在一定意义上也是在保护或拯救我们人类自己的家园和灵魂。

联想我们有的人，尽管表面可能是“仁者”“理性动物”，但是不懂感恩甚至忘恩负义，不懂尽仁义甚至伤害他人，这连动物本能的“感恩灵性”都不如，这样的人迟早要受到来自社会各方力量的谴责和惩罚，这种缺德的下场可能连被原谅、被“放生”的机会也没有，这样的人是可怜和悲惨的。

写于 2017 年春

“小人”之为“小人”

社会生活中不乏“小人”，他们要么善长“计数”，要么精于“算计”，要么玷污人之为人的品格，要么丧失人格、国格等等，人生遇到这样的“小人”是倒霉、是悲哀，与这样的“小人”交往烦心，甚或是麻烦、是耻辱。现将“小人”“素描”于此，以飨读者并谨防和远离“小人”。

“小人”唯我是大。“小人”自恋、自负、自我陶醉，总觉得自己本领最大、水平最高，在荣誉、地位、利益面前总有“老子天下第一”、非我不得的气势。谁要影响到他争雄就等于自当被算计或被打的靶子，他是绝对要打压你，不会放过你的。即使你不与他争雄，只要他认为你的风头已经或将要盖住他，那你就等着他的“明枪”或“暗箭”吧。这样的“小人”似乎活得很有“滋味”，因为他擅长放

"明枪"或"暗箭"。其实，这时的"小人"往往会被反弹的"明枪"或"暗箭"击中，到头来自作自受，无地自容。

"小人"总嫉妒别人过得比自己好。"小人"一定小肚鸡肠。别人的痛痒甚或灾难绝对与他无关，甚至暗暗窃喜、幸灾乐祸。同时，别人的工作顺达、生活畅快也会引起他"吃醋"，他会嫉妒眼红，很不是滋味，甚至难过郁闷。别人的生活工作等如果各方面比他好，那他会在可能的情况下，采取挑刺、压制、打击、甚至公开挑衅的无所不用其极的恶毒行为。可悲的是，这样的"小人"总是在郁闷中生活，因为，想在生活、工作上十全十美并永远超人筹是不可能的，社会中总有人会在有的地方生活、发展得比"小人"好。

"小人"似乎永远是社会的"债主"。"小人"时不时地生活在"不满意""不配合"的状态中，似乎社会或他人都欠了他还不清的债。更有甚者，还时不时地向社会和他人无理或无端地索要各种不配给他的利益甚至荣誉，即使德不配位、名不配位、利不配位，但总是会乐此不疲地要。而这样的人，哪怕欠了社会和他人再多的债，他也债多不愁，总是一副无所谓的样子，表现为"死猪不怕开水烫"的无赖样。

“小人”数典忘祖。“小人”心中永远只有自己和个人利益，以至于膨胀到唯利是图、六亲不认，有的连生他养他的父母都疏远、冷漠甚至打骂。至于国家和民族尊严、国家和民族荣誉、国家和民族利益等，他们都可以在数典忘祖的状态下糟蹋甚至出卖。由此，在私利面前，这样的“小人”对于“人格”“国格”“口碑”“人缘”等等是不屑一顾的。故数典忘祖的“小人”是让人不齿的“人渣”。

“小人”忘恩负义。“小人”没有感恩和报恩的理念和行动。“小人”在需要时会围着有用之人的屁股转，会好话说尽，殷勤备至，甚至举止肉麻之极。但一旦出人头地，“中山狼”本性暴露，即刻忘恩负义，哪怕是长辈、师长、亲友等一概冷眼看待。更有甚者，还会给有恩于自己的人穿“小鞋”“使绊子”，把恩人当仇人对待，似乎理由充分、振振有词，殊不知自己已经沦落到禽兽不如、众叛亲离的地步。

“小人”失意就折腰，得志便猖狂。“小人”一旦失意，只要有一线转机，他会无聊地“放下身段”，哪怕让下粪坑的事、出卖良心的事，叫他干他都愿意干，至于点头哈腰、阿谀奉承那更是家常便饭、拿手好戏。但是，一旦得志，顿时就会判若两人，趾高气扬、目中无人，甚至狂妄自大、飞扬跋扈、不可一世、猖狂霸道。如此这般，到头来一定是遭众人唾弃的“落地凤凰”。

“小人”表里不一，阳奉阴违，两面三刀。“小人”在社会生活中总是有两套甚或多套面具。表面道貌岸然，实则男盗女娼；嘴上与世无争，实则机关算尽；貌似学富五车，实则“半瓶醋叮当响”；明里台上握手，实则为了掩盖台下踢脚。还有，当面惟命是从，背后无动于衷，甚至捣蛋撤台等等。这样的“两面人”，实质是虚伪、奸诈乃至“一肚子坏水”的恶人。

“小人”视朋友为工具。朋友在“小人”那里只是工具，仅仅是为了利用，当没有利用价值时翻脸比翻书还快。更有甚者，需要时会毫不犹豫地出卖朋友，甚至成为他认为暂时可以利用的所谓朋友的打手，去打曾经的所谓朋友。这种“靠朋友”的“小人”是典型的“奸人”，可悲、可恨。这样的“小人”实质上是从来没有真正朋友的，最终定是“孤坟的野鬼”。

“小人”自喻聪明，潜意识里总是把别人当“傻瓜”，以致行为“诡谲”。“小人”善于躲在阴暗角落里无端伤害他人，自以为神不知鬼不觉，满足地窃窃自喜；机关算尽频频得利，自我感觉是掌控能人，在得意之算计中，疯狂地伤害他认为“挡道”的人；表面客客气气但言不由衷，擅长卖弄忽悠人的把戏，自我欣赏自以为成功的骗人之术。诸如此类，“小人”往往高估了自己，低估了他人的智商，最终必然遭到他认为的“傻瓜”的蔑视，被众多的人戳脊梁骨。这样的所谓聪明人其实是“猪脑袋的异型版”。

综上所述，“小人”之为“小人”，即不懂做人，不会做人，甚至不愿做人，头脑整天盘算的是自己在获得物质或精神利益中如何占便宜，甚至如何成为“最大”“最好”“最高”利益获得者。至于手段是否害人、害社会甚至害国家全然不在考虑之中。当然，此类的“小人”自古以来最终害惨的是自己，因为，自古以来这样的“小人”基本没有好的人生结局，社会不欢迎这样的人格扭曲甚至“不是人”的坏人。

古人云，“夫小人之性，引之轨制则憎己，纵其无度则乱邦。”（郭象《庄子注·人间世第四》）故“小人”之害，善良的人须高度警惕，对待小人就得像“老鼠过街人人喊打”，决不给“小人”有生存的条件和空间。

我为“小人”画像是给“君子”们看的，但愿没有人“对号入座”，一定要“对号入座”的话，那是你自作多情，或没有当“君子”的底气和自信。而且，如果你“咬牙切齿”地怒怼拙文，甚至背后骂人，更是你自寻烦恼，也自证你真是一个被人戳脊梁骨、遭人唾弃的“小人”。

不做“小人”，健全人格，完善人品，是人之为人的重要前提和品格。

写于2012年三九寒冬

用光影追寻不应忘却的“溧阳记忆”

一个地区的文化底蕴和文化软实力的增强，不能忽视甚至缺乏“地区记忆”。中外古今的历史充分说明，地区记忆的“缺场”将很可能出现地区文化沙漠，乃至直接影响地区文化软实力的发展与提升。

为了不至于因“溧阳记忆”的缺失而导致溧阳文化的虚空乃至文化软实力的虚弱，在沈伟台长领导下的溧阳广播电视台及其“光影人”，呕心沥血，以光影记录并探究“溧阳记忆”，努力促使溧阳历史文化的充实与完善。

让人欣喜的是，溧阳广播电视台及其“光影人”始终在追寻着天南海北的溧阳荣耀。溧阳人自豪有诸多理由，其中自古以来可圈可点的溧阳荣誉让溧阳光彩不凡。

现当代在外奋斗的成就卓著的溧阳人，更是像点缀在全国乃至世界的璀璨群星，不断为溧阳荣誉增光添彩。溧阳广播电视台及其“光影人”用光影追寻记录着他们的光辉业绩，让人们尤其是溧阳人聚焦星光，在深感荣耀的同时，深究并体味着溧阳的精神文化底蕴。

社会主义建设事业中，外地溧阳人精英辈出。有的是群体精英。传说中的新疆溧阳村，经采访组的长途奔波，终于找到了，而且，这是一群独特的由第一代 533 名溧阳人以及第二、第三代溧阳籍人形成的庞大溧阳人群体。第一代溧阳人从 50 年代支边开始，在十分艰难困苦的条件下默默地为祖国的边疆乃至国家建设事业做出了巨大的贡献，受到新疆人的崇敬，值得溧阳人为溧阳村骄傲，我们可以自豪地说“还有一个小小溧阳在新疆”。在享誉国内医学界的顶尖专家、江苏省人民医院的白衣天使中，就有溧阳“四把刀”，他们是江苏省人民医院副院长王水、普外科主任医师张峰、肠胃外科主任徐泽宽、微创外科主任孙跃明。一提起治病救人，这“四把刀”，足以让溧阳人为之骄傲。我国入海深潜 7062 米的“蛟龙号”潜水器的 16 人技术中心团队中就有邱中梁、程斐、汤国伟之“溧阳三兄弟”，他们为我国深潜作出的贡献已经在我国“深潜”事业中打下了深深的烙印。无独有偶，在我国“神舟”上天宏业中，被誉为“海上科学城”的远望三号航天测量船的船长就是2011年中国航天基金奖的获得者溧阳人兰秀凯。还有，在“旮旯里干琐事”的沟通中国和缅甸的一座无形桥梁的“外交明星”宋秀英，在被称为“万里长江第一坝”的葛洲坝电厂任厂长的教授级高工符建平，在教育界默默耕耘、以“塑造和健全人的灵魂为己任”、以自己的作文天才惠泽千万学子的教育专家姚卫伟教授，小山村走出来的科技英才、首届中国十大软件领军人物施水才，等等！等等！如此多当代外地工作的溧阳英才，不仅丰满了溧阳的文明元素，更在于为实现“中国梦”奉献了溧阳人的智慧；不仅是溧阳人的荣耀，更是全社会的骄傲。

当然，溧阳的荣耀也是历代溧阳精英铸就而来的。溧阳广播电视台特别聚焦历史，用光影追寻记录历史人物，激发人们对历史人物的敬重和敬仰，并由此加深人们对溧阳厚重历史和耀眼人事的认识、认同和赞赏。湖南平江人钟期光上将，在抗日战争时期任新四军江南指挥部政治部副主任，与溧阳结下了不解之缘。将军逝世后，家属按照他的意愿，将他安葬在溧阳西山烈士陵园。这应该是将军默认他战斗过的溧阳为第二故乡的催人泪下的举动。这既是平江人的荣光，也是溧阳人的荣光。中国美术教育先驱、曾任浙江省美协副主席的艺术大师姜丹书，不仅以红柿、黄山、天台等犹如一座座艺术丰碑之丰厚画作名垂青史，还撰写出版了中国第一部系统的教材《美术史》等。诸如此类之历史上非凡之溧阳英才，可以说数不胜数，他们在溧阳历史上的光辉，就像组成银河系中的闪烁之星，积淀并昭示着溧阳辉煌厚重的历史。正因为此，溧阳人有着荣耀历史的情怀。

我相信，随着溧阳广播电视台光影事业的发展，历来外地溧阳人的辉煌人生将被不断完整和完美的记录和宣扬，从而使记忆中的溧阳荣耀将永远荣耀溧阳。

其实，溧阳广播电视台及其“光影人”追寻和记录的不仅是人物、故事、业绩等等能激发溧阳人自豪感的天南海北溧阳人的闪闪发光的业绩，更是系统挖掘和深刻探讨了激励后人的精、气、神。

从已经追寻和记录的天南海北溧阳人来看，他们有着共同的与时代同步的精、气、神，都有着崇高的人生境界。他们中有的虽因各种客观条件，失去了跨进高校门槛的机会，但是，照样通过自身的努力，创造出高端业绩。

仅有中专学历的我国测量雷达总设计师史仁杰，早先凭借他每天坚持5小时自学专业知识以及生命不息、奋斗不止的顽强精神，成为我国航天雷达领域的“雷达之子”，获得了“全国五一劳动奖章”，并受到党和国家领导人的接见。只有初中文化水平的北京“四季海星”电梯工程有限公司总经理宋海荣，通过打拼，硬是从一个普通电梯安装工，发展成为以“我们会做得更好”为经营理念并赢得同行和社会广泛赞誉的龙头老大电梯工程的总经理。他们中有的坚韧、执着，以不达目地、誓不罢休的气概争取事业的成功。溧阳籍资深美籍华人、动漫大师狄亚铭，在其从小镇到大城、从中国到美国，又从美国到中国的曲折和跌宕的人生经历及其事业中，围绕动漫事业“除了执着，还是执着”，付出常人难以想象的每天坚持十几个小时工作量的艰辛，取得了“游戏”“影视”事业的辉煌。他们中有的视奉献为人生最高价值。安徽省立儿童医院首任院长、著名儿科医师冷志勤，一身奉献儿科医学和医疗事业，并因此享受国务院政府特殊津贴。他将奉献作为人生最大的乐趣，73岁退休后还一直坚持为患者治病，且越发积极和努力，为此，他颇有感慨地说，“但得夕阳无限好，何需惆怅近黄昏”。这是多么主动的人生，多么高尚的人生。

天南海北溧阳人的活力永驻之精、气、神，其实是溧阳精、气、神在与时代同步中更完善更深刻意义上的凸显。我相信，随着溧阳光影事业的发展，溧阳精、气、神将会越发完整地展示在世人面前，越来越激发出人们尤其是广大青少年的向上、向前的不断进取精神。

值得点赞的是，溧阳广播电视台及其“光影人”在反映天南海北溧阳人贡献于经济社会发展过程中，深刻地揭示了经济社会发展的精神动力。

“光影人”在记录影像的同时，透视并阐释了经济社会发展过程中体现在天南海北溧阳人身上的奋进理念及其精神力量。在已经光影记录的成就卓著的包括视溧阳为第二故乡的外地人在内的溧阳人的一个共同特点是爱国及其所产生的为国奉献的动力。他们有的为了国家的新生和富强而甘愿付出自己的一切才智，就是牺牲自己也在所不惜。老一代革命家王直将军、钟期光将军、粟裕将军等为国家为革命铸就了枪林弹雨下的可歌可泣的辉煌人生，贡献出了自己的青春乃至一生。王直将军的信念代表了老一代革命家的心声和力量，即命运可以夺走一切，却无法夺走心中对自由与美好的向往。这是多么伟大的精神力量啊！在外地经营成功的溧阳人中间，创业、创新、创造是他们开创新天地、获取新成就的必有之路和实践成功的动力。正因为坚信“创造是伟大的力量”，才有狄亚铭辉煌的“游戏人生”。在外地的溧阳人，在个人与社会、个人与国家关系的处置中表现出了崇高的道德境界，并由此激发出了崇高的服务于社会、奉献于国家的道德理想及其所形成的不断进取的力量。我国著名高原植物专家、西藏高原生物研究所所长、国家有突出贡献专家、国务院政府特殊津贴享受者倪志成曾说，“要用先进的思想、文化、技术来服务社会、回报社会，不能只顾着自己”。应该说，他的人生成就及其为社会和国家做出的贡献是与他的人生信条密切相关的。“雷达之子”史仁杰，仅中专学历，经过奋斗，能成为中国航天领域里的泰斗式人物，这应该得益于他的“只有战胜自己，战胜惰性，才会有所成就”的崇高道德境界和道德力量。

溧阳广播电视台及其“光影人”所追寻和记录的天南海北溧阳人的爱国、创造、敬业等等的精神境界，在着力推动国家富强、社会进步的进程中，作为一股强大的精神动力，展示着溧阳人的崇高精神追求及其人生动力。

在追寻天南海北溧阳人的记录中，总让人动容的是外地溧阳人的家乡情结与魅力。他们不管走到哪里，血脉里始终流淌着家乡的血液。

光影记录里有许多人物的家乡情结让人记忆犹新。如北京美络科技有限公司董事长、IT 精英黄春鹏，他始终认为，自己拥有一切都与家乡分不开，那里有他刻骨铭心的回忆。为此，他一直寻求回报家乡的机会。画家刘禾生，家乡的山水始终是他创作的主题，《天目湖夕阳》《南山秋胜》等作品，无不渗透着他对家乡的思念和向往。我相信，只要"光影"追寻处，就有溧阳人耀眼的家乡情结的涌现。

由是观之，就光影记录的部分外地溧阳人来看，独特的"溧普话"或"普溧话"、好一口"溧阳扎肝"和"笋干烧肉"等等还只是外地溧阳人家乡情结的生活表征，其实，他们的思乡、为乡的心理和理念已经形成为一种独特的溧阳精神。有的以为家乡和家乡人服务、办事为荣，并深感服务家乡父老是一种精神享受；有的利用各种机会宣传家乡这和谐美丽的苏南城市，以至于引来众多的参观者或投资者；有的已定居外域，还倾力支持家乡建设，等等。这些深厚的家乡情结的举动，溧阳人都由衷地认同和赞赏，以致每一个溧阳人都会说"这就是溧阳人"，并不时地流露出“我们溧阳人”的骄傲。

难能可贵的是，溧阳广播电视台及其“光影人”在追寻“溧阳记忆”的过程中，创制了意义非凡的“溧阳记忆”，成了“光影记忆”不可多得的重要元素，也就是说，溧阳广播电视台及其“光影人”创造和创作的“光影记忆”深化和完善了“溧阳记忆”。他们在深究溧阳人物、溧阳形象、溧阳荣耀、溧阳精神、溧阳文明的同时，创制了溧阳文化发展中值得溧阳人骄傲的“光影记忆”。

记录溧阳之美。溧阳之美，观光者无不赞叹。但溧阳之美用光影最能集中展示。仅溧阳广播电视台主办的《溧阳时空》每期发表的溧阳美景照，就足以表达溧阳是世界上最美的地方之一。诸如《溧阳时空》第 15 期上的以主题为“云蒸霞蔚秀南山”、第 18—19 期上的以主题为“锁在深闺人未识”等系列摄影作品，更是将溧阳梦幻般的美景表现得淋漓尽致，似乎溧阳人生活在“仙境”之中。

记录祖国之美。溧阳广播电视台及其“光影人”在追寻天南海北溧阳人过程中，利用光影的独特效果，倾力宣传祖国的大好河山。在他们的光影记录中，我们可以从特殊的视角更进一步体会到祖国之博大与秀美。从新疆、甘肃到福建、海南，从大西北到东南沿海，从各地美景到各方美行，光影记录着他们对祖国大好河山的认知和热爱，同时，记录着他们的艰辛和执着。溧阳老乡一定会为之投去赞美之眼神。

记录伦理之美。溧阳广播电视台及其“光影人”在追寻天南海北溧阳人过程中，始终把自觉学习和践行英模的思想和品德置于心中。为此，他们在不畏艰难、走遍大江南北精心寻访天南海北溧阳人的同时，真诚协作，共克艰难，获得了一项又一项成功的光影成果。尤其值得称道的是，他们在他乡路遇民房失火时，奋不顾身地参与灭火，在当地人的心中留下了深深的记忆。一点好事，足以说明“光影人”精神的阳光与崇高。

溧阳广播电视台及其光影事业已经与溧阳人的精神世界和幸福指数的提升息息相关，诚祝溧阳广播电视台及其光影事业越来越辉煌！

（原载《溧阳时空》2014 年特刊）

别样风范昭示溧阳之为溧阳

——写在2016年第17个记者节

我不是记者，是同样有着行业节日的教师，也正由于此，我总是以特殊的情感关注记者节；也由于我是溧阳人，家乡情结牵引我始终关注家乡记者的风范，因为他们的辛劳是我这个在外40年的游子不断了解溧阳、读懂溧阳的重要依据。

人们常说记者是“无冕之王”，这应该主要针对记者的坚持正义、弘扬正气，监督风尚、完善德性，抨击时弊、遏制邪恶等等来说的，其实，由此而铸就的别样风范也展示了记者“无冕之王”之品质。事实上，我从家乡记者的别样风范中深切体会到“记者之为记者”的角色意蕴，并进而不断透视“溧阳之为溧阳”即溧阳特有“精、气、神”的深刻内涵。

记者“霸气”。记者之“霸气”是因为他们总是立社会潮头，观天下大势；他们没有到不了的地方，且跟谁都能对话；他们能透视新闻事件的背后，解读其内在特质。从家乡记者的身上可以看到记者的“霸气”是“霸”在绝对的第一时间报道市委、市政府的决策与政策，及时让老百姓知悉市委、市政府的新政及其关注发展和民生的举措，为提振广大民众的信心发挥了不可替代的力量和作用。“霸”在专业精通，用犀利的眼光透射新闻。“美音溧阳”的追踪宣传报道可谓是其经典案例，它不仅在市内，而且在国内乃至国际都产生了重大影响，让人们从特殊的视角和更广的维度认识和体验溧阳的内涵和精髓。“霸”在有着安抚人心、稳定社会的特殊功能。前不久关于市检察院以“捕诉监防维”为一体，建平台、搭载体，努力探索未成年人犯罪预防特色教育的“溧阳模式”取得了具有积极成效的报道，为许多家庭乃至全社会发出了真诚关心爱护下一代的积极信息。最近一篇关于“‘丸子＋鞭子’打造服务发展新常态”的报道中说，市纪委制定出台了《支持溧阳经济开发区上兴新区建设若干措施》，将纪检监察工作与地方发展大局相对接，充分发挥“丸子＋鞭子”作用，着力营造风清气正的发展软环境，给真正干事创业的党员干部打消顾虑，趁早吃下“定心丸”，提早拉起“防护网”，以便放开手脚做事，大胆改革创新。这篇报道不仅说明市纪委给干部吃下了“定心丸”，而且报道也让老百姓看到了希望，踏实了心情。

记者“大气”。记者之“大气”在于乐于付出、甘于奉献，且不求回报。我深切地感觉到家乡记者的工作是真正的 24 小时全天候，因为，我每天、每次打开与溧阳有关的网站，都有溧阳新闻的最新报道。尤其是，一旦遇到灾害，救灾的场合或人群中一定有家乡记者的身影。今年溧阳的洪灾现场，记者们满身汗、一身泥的景象着实让我感动了一番，他们在记录抗洪救灾场面的同时，何尝不是也在以特殊方式奋力抗洪救灾。同样，今年 7 月下旬，家乡记者关于“烈日下的‘烤’验”的报道说，7 月 25 日中午 12 时，我市社渚镇和高淳区桠溪镇(交界)239 省道的柏油马路上，记者实测地表温度已经超过 50℃的温度计显示上限，爆表了！而在这条路上的市交警大队社渚中队老交警汤国民已执勤 3 个多小时。记者采访他时他说，“现在气温很高，但我们必须坚守岗位，配合施工。哪怕中午不施工的时候，我们也必须在施工地点执勤”。这其实也是记者以自己的实际行动报道了顶烈日、战高温、坚守岗位采访宣传崇高劳动者精神的崇高劳动者精神。这种体现家乡记者“大气”的不是报道的报道屡见不鲜。

记者有“骨气”。记者之“骨气”体现在宣传、发扬社会正能量过程中，职业责任会促使他们理直气壮地报道先进典型，旗帜鲜明地树立道德榜样，同时，不畏艰险、鞭挞邪恶也成为他们传播正能量的重要手段。溧阳市于今年 8 月 10 日隆重举行抗洪救灾总结表彰大会，对溧城镇党委政府等 59 个单位授予“抗洪救灾先进单位”荣誉称号，对李翔等 129 名同志授予“抗洪救灾先进个人”荣誉称号，给予马祥中等 10 名同志特别表扬。记者报道再一次加重抗洪救灾精神的“笔墨”，大力弘扬英勇的抗洪精神，激励人们为建设“强富美高”新溧阳而努力奋斗。曾几何时，家乡记者在报道城市脏、乱、差方面可谓不讲情面，也因此引起了相关方面的重视和行动。前不久关于“杨家院小区：部分地段环境脏乱居民盼尽快解决”的报道就得到相关方的关注和处理。所以，城市治理有他们的功劳。据我了解，家乡记者不怕“鬼”，也不信邪，遇到社会问题以及有问题之事和人从不绕道走，不仅总要弄清楚是非曲直，还会采取一切可能且正当的手段，或是暗访、或是反映、或是直接参与解决需要解决的问题，这其中，许多记者还当了"无名英雄"。

记者有"灵气"。记者之"灵气"体现在新闻报道中，他们要客观描述事件或如实反映事项，但客观上他们又均有着特殊的职业灵感，即透视本质、举一反三、预测未来等等。我从家乡记者身上看到了记者的灵气，也因此看到了溧阳人的聪颖和才智。当我看到关于杭州 G20 峰会上惊艳的"溧阳元素"的报道后，真为家乡自豪，为溧阳骄傲。其实，这也激发了溧阳人对"溧阳元素"开发、利用和宣传的激情，我想这也是记者报道之题中应有之义。也是，要不是为了报道之外、题义之内的启迪或震慑作用，记者就不会利用各种媒体不断地报道似乎已经是旧闻的被诈骗新闻。我还注意到，家乡记者关于一些案件审理和审判的新闻报道，其实记者并不只是为报道而报道，很大程度上是为遏止犯罪行为而报道，是为普及法律知识而报道。同样，关于"'假日妈妈'关爱留守流动儿童"的报道，不仅告诉人们溧城镇东升社区成立了来自机关、学校、企业等不同单位的"假日妈妈"志愿者队伍，她们怀着乐于奉献的爱心聚到一起，通过一对一结对帮扶、集体活动等形式，关心关爱社区留守流动儿童，而且报道客观上还展示了当今社会良好的道德风尚。因此，记者新闻报道真可谓是灵气十足的“一石多鸟”的意义非凡的工作。我是从事哲学伦理学教学和研究工作的，家乡关于“道德讲堂”的系列报道，我更是十分关注，我尤其注意到记者报道“道德讲堂”的新闻，更多的是从道德教育方法和内容的创新去提示和宣传的，实为难能可贵。从家乡记者身上让我看到记者既是懂经济、政治、文化、社会等等的“杂家”，更是善于透过现象看本质的“哲学专家”。

记者是天底下最阳光、最神圣的职业。记者，尤其是家乡溧阳的记者的别样风范深深地吸引着我，并使我始终近距离“碰触”、体验着家乡的精、气、神，享受着家乡的美好气息。我很羡慕也很敬重他们。衷心祝愿可爱的“老记们”节日快乐！

（原载《溧阳时空》2016 年第 11 期）

实　习　生

初夏的日本，大地郁郁葱葱，叠嶂连绵的山峦，像一幅翠浪翻滚的绿色海洋；宛如棉花漂浮的朵朵白云，漫游在浩瀚无垠的蓝天，在阳光下犹如灵动的白纱仙女。置身如画美景，人在画中，画在眼中，让人心旷神怡。

我们三江学院一行 4 人由日方主人开车行驶在东京至鬼怒川的高速公路上，去看望三江学院外国语学院日语专业的实习生。其时，可以想象，假如在高空俯瞰，我们的车俨然像太空贵客，游移在天地之立体画卷之中。

说来真巧，我们到达目的地鬼怒川，一走进下榻的伊东园酒店大厅就碰见了两位刚刚下班的三江学院实习生。他们的言行举止，除了跟我们说汉语外，其礼节和话语举动与日本女孩没有什么区别，这大概是入乡随俗，亦或是通过一年的实习，养成了有尊严、有品位且活泼可爱的“礼貌女孩”。

在我们刚进大厅，正与实习同学互致问候时，迎面走来了一位酒店当班女经理，当她知道我们的来意后，连连鞠躬表示欢迎，并反复夸奖我们的实习生善于微笑、举止可爱、工作认真等等。当班女经理的鞠躬之态是真诚的，表扬我们的实习生也是由衷的，顿时让我感到我们三江学院的实习生是好样的。

三江学院在鬼怒川伊东园酒店实习的都是女生，据她们自己说，在家大多是被宠宝宝，基本不做家务，而来到这里实习，整天忙个不停，还要自如地面对各种各样的顾客及要求，一下子觉得自己长大了、成熟了。是啊，从她们的实习满足感中可以看出，一年的实习，她们不仅提高了语言能力，而且增强了劳动技能，更是加强了自信、锤炼了自身的品质。

实习生们最难能可贵的是通过一年的实习，增强了自己的处世之道。酒店的服务工作要求是严格的，严格到有些苛刻，但是，这对于实习生来说是不可多得的锻炼。在日本酒店、宾馆乃至全日本服务行业，无处不见笑脸相迎、笑脸相送，虔诚、谦恭、尊重、礼貌等是服务员的基本表达方式。不仅如此，凡顾客合理需求且能够满足的，服务员均必须努力帮助其实现意愿。这会让顾客有一种宾至如归的感觉。可以想象，在服务员和顾客相互传递友善的情境中，在这样的严谨而有尊严的工作环境中，实习生将会有意无意地接受熏陶，形成影响一生的行为习惯和处事品质。

我不认为中国学生通过在国外的实习，回国后的言行举止都应该照搬照套外国模式，因为，不同的国度和民族，其民俗和行事风格等不尽相同，要是包括穿着打扮等行为方式在内，什么都学得一样，回国后就有可能被人误解为不伦不类。所以，实习的根本目的就是要学习知识、提高技能、锤炼自己的品质等等，回国后更好地适应和服务社会。

在日本，年老退休后参加工作是常事，尤其是服务性行业，银发工作者随处可见，且个个都是精神抖擞，潇洒、自信的绅士风度，让人欣赏之余必是赞赏。鬼怒川伊东园酒店的老年服务员也是如此。因此，实习生与爷爷和奶奶辈之“同行”一起工作，一起唠叨，不仅得到他们很好的照顾和提示，而且学到了他们的人生经验和处事方式，这让实习生们接触面更广，阅历体会更加丰富，实为难得的机遇。

据说有些家长不愿意让自己的小孩出国实习，认为那些端盘子、整理客房、车间劳动等是很累人的事情，舍不得孩子吃苦。其实这是一种不太恰当的想法。因为，一年的实习所获得的成果将会影响孩子的一生。当然，有的实习生家长有另一种看法，他们看到自己小孩每天8小时的忙碌，甚至在他们看来是“超强”劳动，尽管心疼，但是，他们说值得，至少语言能力有了明显提高，同时，不担心他们毕业后踏上社会时会与社会有一种明显的距离感、甚至是隔阂感。事实上，在某种意义上来说，在国外实习的同学，多少增多了一些安身立命的元素，多少增强了一些生存竞争力，立身处世的自信心也会得到进一步加强。

其实，我想，不只是高校实习生，就是社会青年，利用一段时间去见识一下异国风情，体会一下他乡生活，这不失为是一种完美人生不可多得的拾遗补缺，甚或是提炼提升。也是，我们在东京银座购物时，几乎在每个商店都能看到中国籍年轻服务员，他们不一定都是大学实习生。有一位年轻服务员告诉我们，他大学毕业来到日本打工的目的就是为了学习一些经营本领，将来回国创业并争取当老板。

使我十分欣慰的是，我们的实习生通过在异国他乡的见识和锻炼，进一步提升了观察世界的境界，增强了把握人生的定力和动力。他们深感祖国的伟大，由衷地为祖国的发展和强大而感到骄傲和自豪；深感祖国意味着创新发展、幸福生存的靠山，并深深眷恋着中华大地之美好河山；深感中华民族有希望，更增强了报效祖国的信心和决心，并渴望大显身手于建设美丽中国。

美丽中国，美在锦绣河山，美在丰盈生活，美在人心善良，美在生态社会，美在筑梦未来，等等。我们的实习生都有着在中国发展的美丽画卷中成为“美之美点”的愿景。我为三江学院实习生点赞！

写于2019年5月20日

牡丹伦理

今年4月应邀参加有“千年帝都，牡丹花城”美誉的洛阳召开的“古都大讲坛开坛仪式暨首届古都文化研讨会”，会后我参观了栽培起源于隋朝、繁盛于唐朝的正在盛开的牡丹花。眼见为实，洛阳牡丹名不虚传，身在牡丹花丛中，赏心悦目还真概括不了当时的美好且深刻的感受，因为，在与牡丹花的“交流”中，我深深体会到了牡丹花独特的“伦理蕴涵”。

牡丹花姿雍容华贵，是富贵、繁荣的生存态和象征，因此，牡丹透出的气息应该是人们追求的理想和对幸福生活的向往，它实际上也在启迪和激发人们去努力追求理想，实现幸福生活。就像梅花，不畏寒冬，迎着雪花鲜艳绽放，是坚韧和傲骨的象征，人们喜欢它，既是人们对强者的崇敬，也是人们对在残酷条件下追求美好前景的赞赏；就像荷花，出污泥而不染，是纯洁、清新的象征，人们喜欢它，是对廉洁清爽的赞誉，也是人们对花和绿叶相互支撑且不与污泥浊水同流的认同。

牡丹“朴实”“大气”“宽容”“包容”是其难得的“气质”。牡丹花色花型不可谓不大气，而且，正如唐代韩琮《牡丹》诗中云，“桃时杏日不争浓”和殷文圭《赵侍郎看红白牡丹因寄杨状头赞图》诗中云，“迟开都为让群芳”，为此，赏花者都对牡丹“花王”之美誉由衷趋同。尽管自然界称得上“花王”“花魁”“花冠”“花英”等等的花卉不计其数，但人们对牡丹“花王”的高度认同，可谓是牡丹“气质”的无形魅力所致。事实上，牡丹“朴实”“大气”“宽容”“包容”还体现在从不“傲气”，只要土壤、气候适宜，牡丹一定充分展示其美姿；只要可能，牡丹一定与其他花卉同园或同地“和谐并存”，且总是客观上也在“自觉”衬托其他花卉的美艳，从不因其自身的存在而影响其他花卉的“观赏赞誉度”，反倒是因为牡丹的存在，使得其他与牡丹并存的花卉更凸显其独特的“花容”与“花神”。而且，春光无限，万紫千红，牡丹更艳，这何尝不是万花“拥戴”牡丹更显其“花王”的本色。这从另一方面又说明牡丹体现着特有的“凝聚力”，代表着一种“花格”，隐喻着一种“人格”。

牡丹神情美而不妖艳，且“积极向善与向上”。牡丹有红、白、粉、黄、紫、蓝、绿、黑及复色 9 大色系、1200 多个品种，可谓是姹紫嫣红、国色天香。正如北宋晁补之《牡丹》诗中说，“天葩秀出无双”。尽管如此，牡丹花没有刺眼的“杂搭”色调，更没有妖艳花姿，远看花团锦簇，近看朵朵悦目。每一束花，犹如穿着得体、言行高雅的善人。值得称道的是，牡丹的“向善”与“向上”神情，不仅表现在百花丛中争奇斗艳的过程中不是要比输他花，而是力求展示自身艳而见素、白而无瑕的风格。最使我驻足忘返的黑牡丹，黑中带红，黑中带艳，让人感觉在一定条件下黑也是一种美，而且是一种“醉人之美”。同时，黑中带红、黑中带艳的黑牡丹，蕴涵着黑暗中有黎明和美好希望之哲学精神。如果在“花王”中选“王”，我会选黑牡丹为“花王之王”。

不得不说的是，牡丹虽万紫千红，品种繁多，但没有哪种花色或花型是可有可无的。艳与不艳、美与不美，它们都有存在和展示的理由，且“互相支撑”“和谐共生”，故牡丹花或牡丹园成了人类和谐命运共同体的一种象征。

难怪人们这么喜欢牡丹花，个中缘由不言而喻。

凡人都具备“牡丹伦理精神”有多美好啊！

据说山东菏泽牡丹也有千年历史，近年菏泽牡丹节广为传颂，我想，天下牡丹是一家，有机会也去菏泽牡丹园，观国色、闻天香、品伦理。

（写于 2017 年 7 月）

伦敦塔桥

2011 年 4 月的一天早晨，我站在伦敦塔桥上，感慨万千。作为一个 20 世纪 50 年代初出生的贫苦农民的儿子，当初做梦也没有想到此生会有机会来到英国，并在伦敦参加国际经济伦理学学术大会，且下榻的五星级宾馆就位于英国的标志性建筑、伦敦的象征——伦敦塔桥的桥头。

参加此次国际经济伦理学学术大会是我一生中最难忘和最值得骄傲的一次学术活动。大会上，我结识了一批经济伦理学乃至伦理学界的国际学术大腕，尤其是在大会安排的亚洲会馆的学术酒会上，我独自一人发表了学术演讲。记得我演讲的第一句话是，“中国是世界第二大经济体，经济的快速发展，促使经济伦理学也成为了中国的显学，真诚欢迎世界经济伦理学同仁到中国展开学术交流”，顿时获得了热烈的掌声。这是一次展示中国学者风采的好机会，故，我力图以中国话语、中国风格展示学术观点，演讲结束后赢得了一片赞誉的眼光。

说实话，较早以前，总感到要在国际学术交流平台上与外国学者对话是件不容易的事情。事实说明，只要有自己的创新研究成果，学者们都可以在国际学术舞台上发声，只要观点新颖且论证有说服力，国际学术同行们会给予认同和赞许的姿态。记得 1996 年夏天，我第一次出国，也是第一次随中国伦理学代表团赴韩国开展学术交流，我的大会发言引起了不少学者的兴趣，纷纷要求加强交流，一下子增强了我进行国际交流的学术底气。时隔 20 年，2016 年 7 月在上海召开的第六届 ISBEE 世界大会上，因我对我独创的道德资本观的再次深入阐释，使得部分国际学者十分愿意参加由中国伦理学会、南京师范大学、今世缘集团联合举办并将于 2017 年 4 月在江苏淮安召开的主题为“道德资本与企业经营”的国际学术研讨会。而后在淮安准时召开的国际学术研讨会会议上，国内外学者将道德资本问题研究推向了更高的学术平台。

在我的学术生涯中，多次邀请国际知名学者来我校交流讲学。诸如美国著名哲学伦理学家艾伦·吉伯德教授和乔治·恩德勒教授,德国著名经济伦理学家彼得·科斯诺夫斯基教授等还专门与我单独进行了专题性学术对话,取得了很好的效果,一些权威杂志还专门登载了我们的对话录。记得艾伦·吉伯德对话后对我说,跟我交流受启发、很开心。在对话前的闲谈中,彼得·科斯诺夫斯基翘起大拇指,赞赏我了不起,说我提出的独树一帜的道德资本观很有价值。国际著名学者的赞誉,也是推进我学术研究的一种特殊的动力。

欣慰的是,在国际国内不断的学术交流中,我的经济伦理和伦理经济研究、尤其是道德资本理论的探索逐步趋向完备和完善,受到学界同仁的认同和赞誉。我国著名哲学伦理学家、中山大学章海山教授在 2016 年 12 月 17 日给我的电邮中说:“在经济伦理学术上的成就和突破,你在伦理学界始终在最前沿,作出了重大的贡献,有力地推动了我国经济伦理的深入研究,无人能及。这不是溢美之词,而是多年来关注的结论。”他还在 2017 年 4 月 11 日发表在《光明日报》的“凡有经济必有道德”文章中说:王小锡新著“《道德资本论》创造性地提出并论证了道德资本概念”,“富有新意地论证了道德如何使价值增值，即道德何以成为资本”，“作为世界独特的经济伦理或伦理经济理念，具有严密的逻辑理路”，展示了特有的“说服力和感染力”。也因此，我的《道德资本研究》（译林出版社 2014 年出版）一书作为江苏省哲学社会科学规划领导小组经专家评审批准的首批外译著作立项翻译出版。近日，据《中华读书报》报道，我的英文版《道德资本研究》出版后，受到国外学者关注，一个月内就销售近 800 册，后来又加印。因该书的学术价值和输出影响，在由中国出版协会国际合作出版工作委员会、中国新闻出版研究院、出版参考杂志社联合主办的“年度输出版引进版优秀图书”评选中被评为第十四届输出版优秀图书、入选第二届版权输出奖励计划。《道德资本研究》（塞尔维亚文版）被评为第十六届输出版优秀图书。当初，塞尔维亚出版社总编赞誉“这是一部具有国际水准的学术力作”，为此，该书很快被翻译成塞尔维亚文出版。后来，日文版也由日本千仓书房出版发行。2016 年由译林出版社出版的我的新著《道德资本论》也即将翻译成英文、德文和泰文出版，并在全球发行。

记得 2009 年 4 月在杭州召开的中国伦理学会第七次全国会员代表大会上，有几位代表在会议期间第一次称呼我为“道德资本家”，以至于后来学界经常有同仁见面就喊我“道德资本家”。我很乐意接受这个“雅号”，因为，它反映出道德资本观的学术影响，也是学界同仁对道德资本问题研究的关注和鼓励。就已经发行的《道德资本研究》的三种外文版本来看，较多国际学者已经饶有兴趣地关注和研究我的道德资本观，这将促使我不断地去攀登经济伦理、伦理经济、道德资本等更高的学术平台，并通过国际国内的学术交流，促使形成道德资本研究的国际学术新理路。

让世界了解我们，让自己走出国门，这是学术交流乃至相互汲取学术营养的最好路径。要不是我的日文版《道德资本研究》由日本千仓书房出版发行，日本经营伦理学会也不会这么快了解我的学术观点，并于 2016 年 3 月邀请我到东京讲学。要不是我到东京讲学，我不可能获得一般资料上难以了解到的诸如日本京瓷公司在经营中的管理哲学、管理伦理思想等等。近几年有许多外国学者非常乐意与我开展学术交流，有的用微信与我进行学术对话，还有许多外国学者给我发来电邮，通过电邮与我讨论相关学术问题，使我获得了难以替代的学术交流渠道。换句话说，若干年来，手机和网上交流新形式已经成为国际学术交流的崭新平台。国际学术交流的即时、在线性,使学者随时可以立学术前沿、观学术潮流、探学术新路。

说实在的,国际学术交流在于学术信息互换、学术理念相互启发,更在于学术风格、学术境界的相互影响,还在于学术动力的不断加强。因此,学术在于交流,学术与交流同在。

中篇

文学与哲学的美妙联姻

——读沈福新著《思有所悟》

一口气读完沈福新著《思有所悟》，心潮澎湃，不禁联想起英国著名政治家、哲学家、文学家培根的散文名著《培根论说文集》。作为英国随笔文学的开山之作，《培根论说文集》给文学界、哲学界乃至社会各界产生了十分深远的影响，以至于人们尊称培根为世界一流思想家。我读完沈福新的《思有所悟》而联想培根的《培根论说文集》，我是想说，《思有所悟》与影响深远的《培根论说文集》神、形相似，而且，《思有所悟》是在现今与时代同步的一部融学术性、思想性、生活性于一体的随笔文学力作，意境非凡，不妨一读。该书让人印象深刻的是，《思有所悟》似文学，但她又确是没有纯哲学范畴的哲学著作；似哲学，但她又确是鲜见故事情节的文学著作，她让文学与哲学实现了美妙的联姻。我相信，阅读此书者，定会受益匪浅。

《思有所悟》之美妙当为词藻的精巧运用与精当把控，难怪读来有一种享受和满足的感觉。盛克勤在《代序》中提到《拒绝》一文的文字运用的机巧，诸如此类，全书随翻即见。如，近年来，我国主流意识和媒体中的一个重要命题是有尊严的工作和生活，而“尊严”范畴在书中已十分周延地作了辩证思考，尤其是认为“尊严是一种勇气，是一种骨气；尊严是一种能力，是一种实力；尊严是一种智慧，是一种智能；尊严是一种内涵，是一种内力；尊严是一种自尊，是一种自信；尊严是一种自强，是一种自力”，这是我们今天认识“尊严”的系统而精巧的概括，也是我们今天为什么要提倡有尊严的工作和生活的恰当而又精确的文字表达。

其实，我的注意力还不仅在《思有所悟》作为文学著作的文笔的才思敏捷，还在于《思有所悟》之深邃的哲学思维、深刻的道德警示、深入的研究启蒙，给我形成了幽深的思考。

《思有所悟》篇篇哲理，辩证法像一根无形的主线，贯穿全书。也正因为此，全书每一个范畴或议题，作者都是或“一分为二”、或“左右逢源”、或“上下衔接”、或“前后呼应”，达到完美杀青。该书开卷篇是“平凡”，行文中句句皆辩证，诸如“伟大出于平凡，平凡孕育伟大”“平凡是伟大的分子，伟大是平凡的分母”“自命不凡的人，既够不上伟大，也达不到平凡”“清洁工是平凡的，但又是伟大的”等等，能让人深刻理解平凡与伟大的辩证关联。全书收官篇是“习惯”，文章告诉人们，习惯是中性词，好习惯能成就一个人，坏习惯能摧毁一个人，并引用席勒的话说，习惯不是最好的仆人就是最坏的主人，因此，要培养具有正能量或强大力量的习惯。不仅如此，全书辩证性的经典命题比比皆是，诸如“聪明不等于不老实，老实不等于不聪明”“真正的痛苦是不能从痛苦中解脱出来”“应该得到荣誉而把荣誉谦让，虽没得到荣誉但更荣誉；不该得到荣誉而不择手段沽名钓誉的，虽得到荣誉但根本不荣誉”“机遇不常有，而机遇又常在”等等，无不闪烁着哲理的光芒。故，《思有所悟》是一部经典式的接地气的人生哲学著作。

《思有所悟》处处启迪做人，这也是该书的重要价值之所在。书是给人读的，任何一部书都有着或提供知识、或启迪智慧、或教导人学会做人等等的责任和目标。该书的各种启迪和教育功能均兼而有之，可谓是一部不可多得的导师式著作。让人记忆犹新的是全书章章涉及理想、生活、工作、交往、修养等等，篇篇提醒人、教导人学会做人，道德警示是她的特色之所在。《思有所悟》谈立身，认为“一个人没有自己的个性，便会失去自我；一个人只有个性，便会失去大家”，“尊重别人，也就是尊重自己。一个不尊重别人的人，说到底不尊重的还是自己”，又说，“人不能无欲，无欲则让人懈怠平庸不思进取”，但合理地释放欲望，需要遏制贪欲，还说，“成功没有侥幸可言”“侥幸是不幸的开始”“侥幸是一条走不通的死胡同”；《思有所悟》谈处世，认为“谦虚是心灵环保的基本态度”“谦虚使人受益，骄傲使人受害”“谦虚使人拥戴，骄傲使人拥推”，那嫉妒呢，“谁远离嫉妒，谁就会远离嫉妒的心灵折磨”，因此，人对人要宽容，宽容别人就是宽容自己，“刻薄者让别人痛苦，自己也难受”，人际间的团结才是力量，真所谓“人心齐，泰山移；人心不齐，脚步难移”；《思有所悟》谈境界，认为，“精神财富比物质财富更有价值”，“幸福决不是金钱的代名词。幸福的人生，不在于金钱、物质、权力、名利，而在于心情、心境、心胸”，人对人、人对社会有责任，而且“责任再小，也要用心全力承担，责任再大，也必须从点滴做起”，诸如此类警语的启迪效果，不可估量，可谓是此书一册在手，可游刃于天下。

《思有所悟》由浅入深，层层递进，为思想者、研究者树立了独特的学术探究范式。该书是一部随笔文学，也是一部思想探究的学术著作。学术的本质在创新。《思有所悟》在老生常谈的主题中，不时闪耀着新思想的火花。“谦虚”与骄傲的关系及其各自的效果，作者提出了全新的理路，“尊严”的理论角度和深度，其质量不亚于近年发表的一些鸿篇大论。学术的价值在于揭示规律，推进文明。《思有所悟》的文章短小精悍且道理深刻。“克制”的辩证的联系生活实际的分析，让人有即刻检讨生活方式之感，分析哲学视阈下写成的“牢骚”“嫉妒”，会让好发牢骚、好行嫉妒的读者索然收敛。学术的重要理路之一在于考察、承继和发扬传统。《思有所悟》不时地广征博引，用中外思想精华要么佐证、要么启迪、要么深究，将所思主题，悟之完备与完善。有了“君子爱财，取之有道”的儒家思想，就能更进一步理解财富的精神内涵以及财富与精神的关系；鲁迅的关于“世故”的精辟论述，有助于深入把控世故之弊病；古希腊“人啊，认识你自己”的训示，让人意识到认识自己的难度；美国石油大王约翰·D. 洛克菲勒说的“我愿意付出比天底下得到其他本领更大的代价来获取与人相处的本领”，彻底说明了“人脉”的重要；叶圣陶的“什么是教育，简单一句话，就是培养良好的习惯”，给予了教育本质的透彻的概括。故，《思有所悟》是研究者读来颇受裨益的学术作品。

凭空写不出《思有所悟》，对于每个选题，唯有深厚阅历和聪明才智，才能思其到位，悟其深刻，故《思有所悟》是作者几十年来丰富经历的体悟与升华，是人生不可多得的精神财富。

《思有所悟》，是文学哲学，哲学文学，开卷有益，建议一读。

自古溧阳第一姓

——为彭留双著《彭祖文化的辉煌》序

我与溧阳市原市委常委、常务副市长彭留双已经有多年的交往与交情。他给我的深刻印象是：说他是官，但他犹如接地气的学者，为南京师范大学兼职教授；说他是学者，但他确实是从乡村出来、又从没有离开乡村建设的干部。读一读他的《优化领导工作浅谈》《奔向现代化——乡镇工作思考》和《来自城乡的工作报告》就可知彭留双的实际工作和理论探讨的“两栖”生涯。《彭祖文化的辉煌》是他最新的一部著作，由此也印证了以下一句话，即“职业有时限，学问无尽头”。

留双来自农村，来自农民。干中学，学中干，是他一生的写照。1968 年初中毕业后，他担任过生产队长、团支部书记、大队主任、公社党委副书记、革命委员会副主任等职，而后，官职生涯的大部分时间是在多个县处级岗位上度过的。难能可贵的是，他在乡镇党委书记的岗位上读完中专、大专，在市纪委书记岗位上攻读了本科和研究生，并进而在勤奋工作的同时走进理论与实践相结合的学术研究殿堂，以至于被评为高级政工师、南京师范大学研究生班的优秀学员，并被南京师范大学聘请为经济法政学院兼职教授和校董事会董事。更值得赞赏的是，留双从正县职岗位上退下来后，仍坚持为民办事，为民思考，为市、镇、村发展牵线搭桥，引进项目。同时，每年都有诸如《挖掘族群文化，打造名人名域》《锦绣江南的一颗明珠——天目湖畔九龙山的传奇故事》《历史长河中铸就着的辉煌——我所经历的溧阳乡镇企业发展与变迁过程》《为有源头活水来——我所经历的溧阳企业改革改制过程》《要搞就搞大的——江苏最大的抽水蓄能电站筹建记》等文章发表，并分别被市政协文史、市史志收集成书分发给市党代表、市人大代表、市政协委员以及各镇(区)各部门各企事业单位，作为时代的见证。近年来，留双为达到以史为鉴、启迪后人和弘扬中华民族传统美德之目的，收集了大量的历史资料，撰写了《彭祖文化的辉煌》。

著书之艰辛，非局外人所知，且《彭祖文化的辉煌》一书，其调研、考证、思想探究等学术之“十八般武艺”须样样涉通，故该书更是留双耗时间、费精力、伤脑子的成就。留双邀我为之作序，我十分乐意。

宗族志是中华传统文化的重要组成元素，研究和修缮宗族志，是完善和发展中华传统文化的重要举措。事实上，我国宗族志文化不仅属于某一宗族，而且属于中华民族，也属于世界华人。作为特有的中华血缘共同体及其血缘文化，其宗族志文化是激励炎黄子孙精诚团结、亲密合作的特色文化。彭氏宗族也不例外。且彭氏文化在中华宗族志文化中是具有代表性的宗族文化。历史上孔子赞彭祖、老子庄子言彭祖、司马迁写彭祖、毛泽东论彭祖，以及《春秋》《汉书》《新唐书》等相关中国古代典籍记彭祖，这可以从一个侧面说明彭祖文化的历史地位以及他的优秀子孙后辈为中华民族崛起的丰功伟绩。就溧阳彭氏来说，彭祖 129 代孙彭显，字克明，自中进士，任真州判，后镇守溧阳，定居溧阳。荐任知溧阳州因宋气数已尽，忠义不事二主，拒绝高官厚禄，隐居溧阳，被历代帝王称道册封。他竭力培养人才，扶贫帮困，他的祖辈直至他的后裔，就有着“五里一进士，十里一状元”之称。彭定球、彭启丰祖孙状元而名扬天下。清代咸丰年间，溧阳有彭氏三兄弟同时金榜题名，史称“翰林三兄弟”。特别在元、明、清三朝，彭氏家族成为名门望族，至今仍传颂着“彭、马、史、狄、周，吃穿不用愁”的民谣。更值得一提的是，传说彭祖是华夏最长寿之人，其后人超百岁老者众多，故彭祖是中华民族长寿的象征，溧阳作为“世界长寿之乡”，在历史上还能找到依据呢！由是观之，“彭”乃“自古溧阳第一姓”有其道理。

彭祖的第150代孙彭留双编辑的《彭祖文化的辉煌》一书，资料翔实，内容丰富，是溧阳研究宗族志文化的时标性著作，它的出版不仅为溧阳文化的建设与发展填补了空白，而且为中华传统宗族志文化的完善提供了不可多得的元素。

留双作为“儒官”，坚持不懈的学习并善于思考和“摇笔杆子”是他丰富人生的一大特色，信手拈来皆“历史”、提笔即是大文章是他的文化人生侧面的亮点，难怪人们总是赞赏地称呼他为“教授”。本书是作者所学所感所思所悟的思想文化成果，它发人深省，催人奋进，值得一读。

愿《彭祖文化的辉煌》一书给读者带来历史文化、传统文化和族群文化的丰润和启迪！

汗血探寻古今人文溧阳奥蕴

——为邓超著《濑水钩沉》序

记得20世纪70年代初我离开家乡之前，家乡溧阳以文化人视角读溧阳、写溧阳的作品并不多见，而在世纪转接时期，跟随着“中国雄狮”醒来的步伐，“文字溧阳”也像雨后春笋般涌现，一批诗歌、散文、小说、报告文学等在充分展示“下里巴人”和“阳春白雪”风采的同时，书写了溧阳历史的悠久与厚重。这期间，一群文人也随之横空出世、卓尔不群，真可谓盛世出文人，文人赞盛世。

我早就听说溧阳文人中有邓超先生，每每拜读他的大作有肃然起敬之感。文笔优雅且时而略带刚毅和犀利，文风朴实且不乏深沉和华丽。三年前，偶然的机会我们在东方最美丽的校园南京师范大学相遇，一见如故。

真乃相见恨晚矣!

文如其人。邓超的作品风格展示了邓超之为邓超的品格。其实,与之交往后还让我对其有更多的认知,他的率真,他的诚恳谦和,他的不落俗套,他的苦中求乐,他的书斋气等等,会让朋友存“难得知己”之感。

近日,邓超邀我为之《濑水钩沉》作序,拜读之余,感慨万千。别的暂且不说,就其一笔一画手写爬格子,撰出60多万字且内容沉甸甸的著作,足以让人叹为观止。其实,作者是在我等好友的眼皮子底下艰苦地完成这本大作的,其探究、打磨、锲而不舍的精神令我们敬仰。故我十分乐意为之作序,并以“汗血探寻古今人文溧阳奥蕴”为题来展示其作品完成的艰辛与不易。

《濑水钩沉》一书,是他积累资料几十年、阅读资料数百万、历时三年有余撰写的呕心沥血之作。作者沉浸于史海、痴迷于史料、会心于史实,多少年如一日,钩沉于濑江,摭拾在平陵,守一盏昏灯,伏一案古籍。该书内容涉猎溧阳地方文化中的风景、名胜、人物、文集、宗教、事件、轶闻、书画、武术、美食……可谓是千年古邑地方文化的一次巡礼、一次汇集、一次揭秘、一次赏析!难能可贵的是,作者没有人云亦云、旧话重提,而是扎根于地方史志和名人文集，注重第一手资料的挖掘探究，因此大部分史料都是首次披露，第一次与读者见面，具有较高的文化价值和史料价值。例如《寻找焦尾琴》一文，作者考证了中国古代四大名琴之一——焦尾琴的来龙去脉，考查了蔡邕在溧阳的遗踪，文章在《琴棋书画报》《扬子晚报》《现代快报》上发表转载，引起较大反响。溧阳因此被命名为“焦尾琴故里”，增添了一张文化名片。《马世俊与“溧阳二十八胜”》《溧阳书画俊彦》《溧阳佛教拜谒》《溧阳傩文化溯源》《八卦掌渊源纪事》《昭旷无尘彭袭明》《徐悲鸿的溧阳缘》等文，都是作者上下探索、远近探究的扛鼎之作，具有较高的文史价值和欣赏价值。

他为撰写本书，曾赴北京、上海、杭州、南京各大图书馆查阅资料，并在溧阳图书馆的大力协助下，搜集了《康熙县志》《乾隆县志》《玉华子游艺集》《载石堂尺牍》《石云居文集》《匏瓜集》《句俭堂集》《匡菴诗文集》《水流云在诗钞》《古照堂诗集》《平等阁诗话》《平等阁笔记》《濑江逸史》《姜丹书艺术教育杂著》等大量的文集史料，去芜存菁，采撷精华，梳理整合，评议赏析。为尊重史实，实事求是，他还侧重第一手材料，尽力做到亲历亲为，如为采写《戴庆祖与“土木之变”》一文，随戴氏宗亲远赴河北怀来县土木堡镇，搜集资料，亲身感悟。为采写《新疆有个溧阳村》一文，远赴新疆尼勒克县蜂场现场采访，边流泪边记写。更难以想象的是，为写好《淳化阁帖寻亲记》一文，他行程四千公里，历时九天，横穿五省，其艰辛非同一般，若非痴迷、没有勇气，是不可能这样“折腾”的。

《濑水钩沉》一书展示了邓超的“大家”风范。全书并非只是故事的罗列、资料的堆积，书中“钩”出了溧阳厚重的历史和文化，写出了溧阳人的勤劳潜质、重义品性和感恩情怀，描出了溧阳山美、水美、人更美的绚丽景象，道出了溧阳土地上自古以来生生不息的活力，等等。同时，全书展示了哲学家的逻辑辩证以求真、伦理学家的道德探寻以求善、文学家的形神布局以求美、历史学家的缜密考证以求正、社会学家的考察解析以求实等等的风格，真所谓“大家”著书，书著“大家”。

据我所知，邓超是多面手文人，他还出版过散文集《心灵之约》《天目湖民间故事》，发表文章一百多万字。他还是位研究西泠八家之一陈曼生的知名专家，他多年来撰写的十多篇学术论文，分别在《西泠艺丛》《书法》《无锡文博》《宜兴紫砂》《紫砂汇》等专业刊物发表，填补了曼生研究的空白，纠正了谬误，论文曾荣获杂志年度专业奖项。《西泠艺丛》作为专业核心期刊，曾一次发表了他四篇研究论文，这是较为罕见之特例！他还曾赴福建漳浦的“天福茶业集团”作关于陈曼生的专题讲座，得到“世界茶王”李瑞河的高度评价。

几十年矢志不渝，几十年笔耕不辍，成绩斐然，且耀眼荣誉，实至名归。2009年中央电视台教育频道《求学人生》栏目组在江苏选取唯一采访对象即为邓超，并用十几分钟的专题片报道了邓超的刻苦求学的人生经历，片中原市委常委、原市人大常委会副主任沈福新对他作出了如此“镜像式”评价：“生活上的穷人，精神上的富人，社会上的名人，工作上的忙人”。我也时常听到家乡同仁们称他为“大师”，这也足以说明邓超的社会声誉。即便如此，他是位低调之人，在外发表了那么多专业论文，却从不炫耀。不过，“墙内开花墙外香”，同行和社会的认同和赞赏足以说明他骄人的成就：1993年获“中国新闻一等奖”，2013年率领溧阳社渚跳幡神队伍参加大赛，荣获国家级民间文艺最高奖“山花奖”；现为中国傩戏学研究会理事，江苏民间文艺家协会理事，江苏省作家协会会员，南京师范大学伦理学研究所兼职研究员，溧阳市文联副主席、民间文艺家协会主席。

家乡溧阳近年文化繁荣，著作颇丰，但像《濑水钩沉》这样从大文化视角、大历史背景来撰写的地方文化专著，尚属鲜见，可谓难能可贵。邓超认真的治学态度，执着的探索精神，令人感动；其文学和历史学等学科的功底，超凡的笔力，让人敬佩。邓超的作品是我美丽家乡的精神财富，其为人的品格和为文的风格值得我们尊敬和重视。

我相信，用心血凝聚成的《濑水钩沉》是传世之作，一定会受到读者的欢迎。愿读者从《濑水钩沉》中获得阅读的幸福。

一块魅力无限的“情感磁铁”

——为朱红新主编《溧阳乡愁》序

《溧阳乡愁》即将问世，承蒙《溧阳时报》厚爱，邀我作序，看不见但意切切的“恋乡之手”牵引我欣然允诺。

记得若干年前，我儿曾经问我说，“爸爸，爷爷、奶奶都不在了，你怎么一有机会就想着回溧阳?”当时，这么简单的问题却把我问住了，因为，我自己压根儿没有考虑过这个问题。细细想来，儿子问得有道理，因为我几乎大多是“没有理由”地回家乡，实实在在只是“无意识转一圈”而已。这犹如我的“天安门情结”：在我的生活和工作中，跑得次数最多的地方，一是工作单位南京师范大学，二是北京，然而，每每去北京办完公事，我几乎都要找时间到天安门广场转一圈，即使不能专程去，在来回赶飞机或去车站的途中也经常绕道经过天安门。故，我回家乡“没有理由”其实就是最深刻的理由，“家乡情结”啊！

我离开家乡已经40多个年头，呆在外乡看家乡、思家乡，乡愁、乡情愈发浓郁，常常由衷感叹，我的家乡溧阳真美啊！美在家乡的山水有故事、会说话；美在家乡的文化持厚重、尚包容；美在家乡的父老讲诚信、惜友情。对这，《溧阳乡愁》已经充分表白，它既表达了溧阳游子的思乡之情，也表达了家乡笔友的耀乡之意。

《溧阳乡愁》展示了家乡山水美与伦理美之有机耦合。《溧阳乡愁》在描述家乡山水自然美的同时，笔锋直指家乡伦理之美，真乃不可多得的杰作。从《溧阳乡愁》的相关作品中可以领略到，家乡的山，水抱；家乡的水，山拥，山水无语有神情。连理山水，相缠如宾，纠结情深，风光无限。一座山就是一个故事，就有一种伦理之美：伍牙山因人们推崇伍子胥的“忠靖”“义勇”“孝亲”而得名；瓦屋山上“报恩禅寺”扬“报恩”理念；大石山、仙人山关于白龙和青龙的传说，主张的是“慈悲”“孝敬”与“循规”之道德；茅山传颂着“抗日”的英勇故事，永远闪烁着革命历史的光辉……每片水都有别样风情：濑江，汇聚、流淌着万千溪流，迂回曲折牵连并滋养着千家万户和万顷良田，荡漾漂托着渔家小帆和争流百舸；天目湖、长荡湖，神来天镜照太空，镜中，云卷云舒，湖若太空，人、鸟、鱼共舞，好一派天、地、人、山、水、林之一体之和谐共生景象……山水与伦理之美，家乡地名也可见一斑：百丈沟、龙虎坝、月牙塘、莲花塘、石岩里、响屧桥、观莲桥、凤凰桥、桃园、梅园、沧屿园、归得园、石榴圩、礼诗圩、狮子山、道德山、功德山、圣塔山、太阳山、小九华、画眉滩、三塔荡、笔杆岭、瑶墅……溧阳，真乃人间仙境矣！

《溧阳乡愁》乃家乡古老而灿烂的历史和文化之缩影。家乡的历史和文化从先秦走来，虽栉风沐雨，一路坎坷，但姿态多样，积淀厚重，并深深地烙上了“溧阳印记”。《溧阳乡愁》以其独特的视角和精当的笔调书写了不是历史的历史和似乎碎片化的经典文化。焦尾琴作为溧阳古老文化的象征之一，作者在讲述美妙动听故事的同时，注重在史书和史实中求证焦尾琴出自蔡邕之手，说明焦尾琴故里在溧阳；千年沧屿园，虽“现今重筑遗古韵”，但毕竟是“重筑”，书中引用清代顺治状元马世俊在《晓园记》中所说“溧阳园林圣地，城里的是史氏沧屿园最好，在观渎的遗址上筑成，又有孟郊的诗碑在里面，称平陵古迹”，和五代显德年间进士卢多逊诗作《沧屿园谢公洗墨池》中所言“园柳鸣禽春色深，江山可待谢公吟。砚池香墨今余几？欲与君家写四箴”，记实性地描绘了古时沧屿园的美景与文化底蕴；让家乡人骄傲的团城，历史悠久，且水环四周，风景宜人；更让家乡人自豪的是，团城是智慧之城、英勇之城与坚守之城，这是书中所具独有笔墨；《码头街记忆》乃临水千年老街精、气、神的写照，系古老农、商、手工、建筑、水运等文化的结晶；彭、马、史、狄、周等族群的著名，固然有其悠久的历史和不凡的族事与族人，但更给力的是其崇尚读书的家风和严格的家规。还有，童谣形式在“童”，实质是传播趋善避恶、学做好人之伦理。此类历史和文化世事，不一而足。尤其值得称道的是，《溧阳乡愁》话溧阳，道出了溧阳人和溧阳文化的亮点和特色。从书中可以体会到，溧阳，东沐精致儒雅、以水为本的吴韵，西接胸阔浪漫、多元进取的楚文，南遇质朴自我、开拓悍勇的越俗，北临粗犷大气、好礼勇猛的汉风，在兼容并蓄中形成了特有的含蓄与浪漫并存、刚强与绵柔兼具、大大咧咧与细巧精明同体的溧阳民俗文化。难怪溧阳人在外人看来，系南方人但具北方人秉性，属吴语区但有中原人腔调。这是在溧阳人身上体现的特有的“濑江文化”。

《溧阳乡愁》以其朴素的笔墨凸显家乡人的厚道与诚信之品格。《溧阳乡愁》重笔叙说溧阳是厚道与诚信之城，敬示人们，溧阳人与厚道、诚信同在。家乡父老一贯信奉厚道与诚信，生活中注重善积良缘。伍子胥乞食的故事，在溧阳乃至中华大地，妇孺皆知。故事只是传说，而且不止一个版本，但是，伍子胥从楚国逃命至溧阳，不管是渔夫帮助其渡江拒收价值百金宝剑、掀翻渔船自刎于江水之中以表守口真诚，还是江边浣纱史贞女供其浆纱之糊，而后投江自尽，以表"明无泄也"，以免伍子胥担心暴露行踪之忧，这都说明，溧阳人推崇诚信，视诚信如生命。古时交通虽不发达，但文人墨客乐于不远万里来溧阳，真乃"何时到栗里，一见平生亲"。为此，有的数次进溧，吟诗作画，留下奇文异宝；有的一生迁徙数地，最终栖息溧阳养老，这都说明溧阳人待客如宾、善结良缘的朴素为人之道。让我一生记忆犹新的是溧阳人日常好善乐施积人缘的人品，每每村上有人家宰猪，这就意味着当天全村人家均可能吃上主人挨家挨户送上的猪杂汤；每每遇到乡邻发生火灾等重大事故时，只要听到锣声等求救信息，都会毫不迟疑地奋勇前往施救；每每有乞者到家门口，明明自己正在喝粥，给乞者送去的却是往顿吃剩留在筲箕里的白米饭……诸如此类的溧阳人品格，书中的《“苏州佬”家事》《溧阳的外族姓氏》的相关叙述可见一斑。溧阳人为人“实诚”啊！

溧阳真是好地方。难怪溧阳父老乡情浓，溧阳游子乡恋深。

作为游子的我与其他溧阳游子一样，经常日思故乡，夜梦溧阳，“乡愁”成了游子们想念溧阳、宣扬溧阳、奉献溧阳的精神依托。

《溧阳时报》将该报“寻找团城记忆”“记住乡愁”“仰望故乡星空”“溧阳老地名”和“童谣”等专栏文章汇编成《溧阳乡愁》。给家乡父老尤其是溧阳游子送来了福音，它以朴实无华的文字叙述着溧阳的美丽和精彩；以深刻的内心独白昭示溧阳人对历史的荣耀和对未来的憧憬；以智慧的笔墨引导人们不断地向上和向善。故，《溧阳乡愁》将成为他乡和在乡溧阳人的独好的精神食粮，也将是城乡文物保护、地方文化传承的重要文脉参照和决策依据。毫不夸张地说，《溧阳时报》为家乡做了一件功德无量的大好事，《溧阳时报》的“寻找团城记忆”等专栏和《溧阳乡愁》将以其无量价值在溧阳文化发展史乃至溧阳社会发展史上留下浓墨重彩和深刻的文化记忆。

相信《溧阳乡愁》在手，开卷乡情更浓，合卷乡恋更深；有《溧阳乡愁》伴随，“乡情”“乡恋”以前是、将来更是五湖四海溧阳人生活中的一道绚丽的风景线。

“闪”见平生亲

——为钱栋主编《一见平生亲》序

我欣然允诺为《一见平生亲——2018“美音自在溧阳”全国闪小说大赛精选作品集》作序，是因为主编乃我由衷赞赏的家乡溧阳市住建委主任、奇才钱栋。其实，我与钱栋平时交往不多且不深，但其风格鲜明的力求“回归于人自身”（马克思语）的“生态人生”让人印象深刻，好生敬佩。故，虽我未治文学，但很乐意在此为钱栋主编的文学大作落点笔墨。

记得去年夏天的一个上午，由溧阳市宋团城文化研究会主办的“道德与文学研讨会”上，与我素未谋面却已是如雷贯耳的钱栋“现身”，并作专题发言，言毕让我肃然起敬。他的深刻、犀利、幽默、洒脱的语言和“举手投足”

之“自在”神态，让我看到了当今官员中鲜见的且智商和情商非凡的喜、笑、怒、骂皆随性的风格，实乃真名士自风流，难能可贵。我感觉，那天钱栋的言行是一部活生生的“行为闪小说”。

而后在屡屡欣赏钱栋于微信朋友圈发布的信息中，深感他个性非常阳光、率真、独特，敏锐的思维、风趣的言词、领导就是服务的信念与举动，艰苦工作和快乐生活并举的“乐活”态，想说就说想做就做的“倜傥风度”，难得的孝亲“做派”，阳春白雪与下里巴人兼具的文品，还有刚劲、神意与趣雅一体的书法等等，可以说他的日常生存图式就是一部既独立成篇又纵横相涉的“连续闪小说”。

眼前的这部《一见平生亲》，犹如繁星烁烁“闪”溧阳，有“闪”历史的，有“闪”风土人情的，有“闪”革命精神的，有“闪”为人处世的，有“闪”人间真情的，有“闪”风景名胜的，有“闪”舌尖美味的，还有“闪”“小人”不仁的，等等。尽管每篇小说叙事不一、风格各异，但是，各自以其或精彩的故事、或精致的构思、或精巧的布局、或精当的语词、或精深的哲理，展示了家乡溧阳的极佳精、气、神和“美音自在溧阳”的绝妙韵味。故，这部集“百家”智慧之作，可谓是众星拱月式的“集结闪小说”。

我喜欢看各种闪小说，这是因为此类小说的"闪""小""微""短"，读起来爽快而惬意。对这部《一见平生亲》闪小说集我更是爱不释手，喜欢的缘由更在于：

其一，"闪"而有深远的意境。小说尽管是"闪说"，但好多作品具有深远的考量和恒久的意义。如有的小说虽寥寥数语描述家乡革命前辈和革命先烈的艰苦卓绝的事迹，但闪耀的是中华民族优秀儿女顽强不屈、视死如归的英勇气概。又如有的小说简要描述了家乡人的献爱心活动和社会善意的回报，但内涵并揭示的是中华传统仁爱思想和爱心行动的强大感召力量。再如有的小说描述的是自然美景，但以物拟人，由物沉思，所思所想寄托的是对未来美好生活的向往。

其二，"小"而有宽广的社会生活图景。小说尽管是"小说"，但好多作品有可辐射开的广大的"视觉"空间和宽大的生活场景。如有的小说讲的是家乡人日常生活中的点滴"顺生"小事，但这是现代社会生活质量提升和人们获得感、幸福感的写照，是缩小了的"太平盛世"的社会现实。又如有的小说讲的是家乡人日常诚信交往的身边事，但反映的是现实和谐社会建设的成就和人们对未来和谐社会的憧憬。再如有的小说讲的是人际间看似不经意的友善举动，但却是在向往和宣扬伦理生态性的和谐共同体社会。

其三，“微”而有高大的人物形象。小说尽管是“微说”，但好多作品有以微小见宏大的“潜质”和由微小展示高大的能量。如有的小说叙述的是家乡平民百姓的“举手”之好事，但展示的是全社会各类优秀人物的崇高形象。又如有的小说叙述的是家乡人在关键时刻无偿付出的一丁点儿“东西”，但反映的是中国人根深蒂固的乐于助人、甘于奉献的高尚品质。再如有的小说叙述的是为兑现小利而损失大益的故事，但主张的是言而有信、宁吃亏不伤德的崇高境界。

其四，“短”而有长久的生命力。小说尽管是“短说”，但好多作品有着历史的穿透力和久远的影响力。如有的小说谈的是濑水游子想家乡走家乡，但品味的是中华民族活力永存的乡情乡恋的精神品格。又如有的小说谈的是家乡人的日常善举，但深刻揭示的是人类社会永远推崇和追求的善良德性。再如有的小说谈的是一句话、一件事的喜、怒、哀、乐，但昭示的是人生应有的崇高价值取向。

从这部《一见平生亲》闪小说集可以感悟到，家乡之美景醉人，家乡之山水养人，家乡之历史感人，家乡之文化沐人，家乡之习俗熏人，家乡之真情动人，家乡之美味诱人。难怪家乡溧阳是让人梦魂萦绕的外乡人值得“见识”一下的好地方。

真乃“‘闪’见平生亲”，我相信读者们一定会喜欢这部《一见平生亲》闪小说集。同时，我确信，手捧《一见平生亲》，心必飞向“鸡鸣三省”地、“寸草春晖”都——溧阳。

愿这部闪小说集始终在人们的心中闪耀。

是为序。

伦理武侠与武侠伦理

——读范渊凯著《非攻之长庚凌日》

我的弟子渊凯邀我为他的小说《非攻之长庚凌日》作序，作为他攻读硕士和博士学位时的导师，我责无旁贷，欣然命笔。

渊凯是我一直看好的善学习、勤探究、有灵气、显才气的青年才俊，我尤其欣赏他活跃而富有哲理的思维与细腻而凸显老到的文笔。所以，我和我圈内的弟子们都亲切地称呼他为“范思哲”。虽然他学的是哲学、伦理学，却不知什么时候，在我眼皮底下干起了“不务正业”的文学创作。当他把30多万字的小说初稿送到我手里时，我惊呆了，这要花多大的时间和精力啊。阅读初稿后我更是赞叹不已，一连串精致且专业的词汇，一系列伦理问题及其矛盾，一个个跌宕起伏的故事情节等，构成了书中庞大的故事体系。而且，《非攻之长庚凌日》写的是武侠，道的是伦理，其哲学意味浓郁，伦理精神深刻，是一部融故事性、思想性和理论性于一体的传统武侠小说。其实，说他“不务正业”实乃戏语，此书以文学为壳，以哲学为核，是一部文以载道的伦理小说。当赞赏之、庆贺之。

“非攻”是墨家精神的核心内容之一，包含着非常重要的伦理、政治和军事思想，也是一种平民主义战争观的反映。所以，要理解墨学，首先要理解“非攻”的意义，理论界至今还有很多学者都习惯片面地认为“非攻”就是一味地反对战争，祈求和平。其实，在一定意义上，和平与战争都是社会发展到一定阶段必然出现的特殊矛盾及其表现形式，而对于墨子的“非攻”，我们也需要辩证地去看待。“非攻”并不是不攻，而是反对一切不正义的战争。事实上，在墨子看来，为兴天下之利，也要诛其元凶，以除天下之害。所以，战与不战或战争的正义与非正义，是一个严肃的政治伦理学问题。

这部小说以“非攻”为名，自始至终贯穿着墨家的哲学和伦理思想。整个故事的缘起就是墨家“以武犯禁”，引起了当权者和其他学派对其的压制。但是，整部小说所呈现的却远远不止墨家哲学和伦理思想而已，作者以更宏大的视角，描绘出了一个百家争鸣、百花齐放的盛唐时代，创造性地将百家思想付诸武林门派之中，这些门派俨然变成了哲学学派，十分有趣。可以说，这部小说写的是武侠，却处处流露着哲学、伦理学的理念。在这本书的中间部分，作者更是通过张果之口，直接表达了一种“和而不同”的政治伦理愿景，是借古喻今，也是对于建设“和谐社会”和实现“中国梦”的一种理论探索。

事实上，中国的侠文化与哲学、伦理学是分不开的，因为侠者首先要具备一定的“侠”意识，而这种意识的根基就是他们内心的道德法则。然而，理性而完备的道德观念要依赖于理论知识的学习，而并非缺乏深刻认识地一味盲从。所以，我们讲道德、维护正义，不仅是我们要这样做，更是要知道为什么要这样做。《非攻》的故事充分说明了这一点。

为此，作者的这部小说定位和构思与传统意义上的武侠小说可谓大相径庭。传统的武侠小说，主体通常是一群武艺精湛、文化程度参差不齐的绿林好汉，他们固然是行侠仗义、两肋插刀，但大多缺乏对为何如此的思考。《非攻》则突破了以往武侠的局限，建设性地赋予了这些角色以知识分子的特质，他们既是一群武林高手，更是一群政治家、思想家、哲学家。可见，小说作者深谙与时代合拍的政治伦理理念，否则，对小说主人翁当时政治伦理意识的描述不会那么深刻；作者胸怀完美的道德理想，否则，借古喻今、宣扬和谐与正义的价值取向不会那么老到；作者亦明白伦理及其作用无处不在、无时不有的道理，否则，小说中的道德悬念或道德矛盾的构思不会那么引人入胜，并由此让读者在潜移默化中实现道德熏陶。

由此，我想起了法国著名哲学家、文学家、存在主义代表让·保罗·萨特(Jean Paul Sartre，1905—1980)，他写了多部渗透哲学伦理学思想的文学作品，有效地传播了他的存在主义哲学思想，起到了单纯文学或理论作品所难以做到的哲学思想及其道德价值观之宣传效果。我想，《非攻之长庚凌日》也是试图以形象思维形式宣传哲学伦理学观点，这是中国武侠伦理小说之时标性作品，是渊凯涉足文坛的扛鼎力作，当关注之、欣赏之。

文痴人生铸就文学大咖风范

——为《宋仁年戏曲作品选集》序

文痴两字可谓是对宋仁年的文学人生的特写，也是对他这个文学大咖风范的缩写。

在省溧中上高中时，我和仁年是同班同学，也是无话不谈的好朋友，他让我印象最深刻的是爱舞文弄墨。而且，一个十几岁的中学生，竟敢不时向当地的文艺报刊和广播电台投稿，并且屡被选用，记得他的一首小诗《水田又穿绿新装》是这样写的：手抓秧苗栽成行，水田又穿绿新装。今日汗流育新苗，来日万顷米粮仓。这首小诗居然被《溧阳文艺》选用。这是我辈同学当时想也不敢想的事情，而他却乐此不疲。现在看来，他在读高中时发表多少作品已不重要，重要的是他让我们初步见识了何为文学青年乃至文人。说实话，当时我对他，除了羡慕佩服还是佩服羡慕，在我心中，他不但作文写得极好，实际上他已经一只脚踏进文学殿堂，是一个了不起的文人了。

仁年和我先后毕业于南京师范大学，在我们还在可以憧憬未来的年龄时，两人只要见面，他就会谈文学，尤其是谈鲁迅的作品，并胸存大志，海谈文学创作的愿景，立志今后要走文学创作之路。真是三句话不离本行，凸显了其全身都是文学细胞。当时我就想，像他这样痴迷文学创作的人，要不成为文学大咖也难呢！

事实上，大学毕业后的仁年一生走的是“勇往直前”的“文痴”之路。

一九七六年夏天，仁年被溧阳县教师进修学校请去给全县中学语文教师暑期培训班上课，那时他只是湖边中学的一名语文教师，才二十五岁，而台下来参加培训的都是在各中小学任教的语文教师，年纪大多在四五十岁左右，有些老师的教龄都比他的年龄还长，而且县文化馆、文化局、教育局及县委宣传部的领导都来听课，台下的听众看到走上讲台的是一个年轻小伙子，手中拿的是一个临时用糨糊瓶洗净代用的茶杯，竟都哄堂大笑！但一节课讲下来，老师和领导们对他敬佩有加，一下课，大家就团团围住他问这问那。仁年讲的是鲁迅小说散文诗歌的作品分析，他从人物形象的刻画到作品结构的方法，从主题立意的体现到语言艺术的特点，从当时社会的背景到对传统文化的突破，他把作品分析得头头是道，博得大家掌声不断。

上课结束一星期，一纸调令就到了湖边中学，他被调到县文化馆文艺组工作。这是他文学创作的重要平台，更是他文学生涯的转折点。

仁年到文化馆后，受到菡子、陈登科等前辈作家的提携和关心，在陆静芬、奚渭民等领导的支持下，他开始编辑《溧阳文艺》杂志，参与组织全县文化站干部及文学创作培训班的授课工作，他为家乡培养了一大批文学作者，他自己也先后在《作家天地》《青春》《翠苑》《乡土》《民间文学》等各种正式出版刊物上发表了中篇小说《豆腐情》、短篇小说《田园情》《相亲》等数十篇文学作品。他二十六岁参加全国太平天国史学术研讨会，被周谷城副委员长称为全国最年轻的太平天国史学研究者。这在当时七十年代的溧阳文化界里，他的成就在文学界几乎都是开先河的第一次。他的报告文学被选入《中华儿女专集》，他的散文被大型文学季刊《山风》刊用，同时，他编写的几个戏曲作品，还多次被当地剧团搬上舞台，并在参加镇江地区文艺汇演中获得创作奖。为此，他被省文化厅选去参加江苏省首届中青年剧作家读书班，他还成为省市文协、剧协、文艺家协会、民协等许多协会会员，成为县文化局剧目创作室的专业作家，他曾是“文革”后第一届县文协的副理事长。这说明，仁年不失时机地抓住了机遇，并在创作舞台上游刃有余，向着文学大咖迈进。

正当仁年的文学生涯依托溧阳文化馆、《溧阳文艺》、《溧阳科技报》以及剧团等文化平台大展宏图、高歌猛进时，他竟然突然离开报纸主编及负责人的位置，搁笔下海去了，我的第一反应是他是不是发痴了，这值得吗？弄得我们这些一直关心他的朋友们一头雾水，不知所以。说实话，当时我们想，他若留在原来的岗位，凭他的工作能力和业务能力，都会有一个很好的发展前景，因为当时的县委主要领导都很器重他的才华，正在培养他，他已是报纸主编兼负责人，而他放弃一切的下海之举，必定会带给他许多未知的人生困惑乃至困难。更加不可思议的事是，他下海后，每当他事业有成，我们为他庆幸而高兴时，他竟又毅然放弃成功的基础，重新投入一个陌生的新行业，又从头开始奋斗起来。据我所知，他从建筑业到食用菌业，从制药业到印刷业，从商业到文化传媒业，几乎每三年就跳换一个新行业，而且都是在事业有成后，又突然抛弃一切，清空自己，赤手空拳再闯入下一个新的行业。熟悉他的亲友们都骂他是个痴子，可一个"痴子"做下那么多的成功事业，这是为了什么呢？

人们真觉得他的举动不可思议，不得其解。

有一次他来南京看我，我责怪他说，你是否身上哪个地方搭错了一根筋？总是做傻事！他笑了笑说：我下海不是为了挣钱，而是为了扩大生活面，体验各种生活，增加对各行各业知识的了解，所以不断跳槽改行，哪怕是要饭帮人擦皮鞋，我都想去试一试。他说，我坐飞机，乘游轮，坐火车、三轮车、拖拉机，只要有机会，我都会去试试，主要是为了增加知识和感受，以后如果写这些东西，我就知道该怎么写了！

我这才恍然大悟，才知道他为什么将自己的公司、药厂、印刷厂及自已花了几百万投资的房屋及工厂设备，一次又一次无条件赠与他人的根本原因。他说，如果背上这些包袱，不清空自已，就不可能有下一次的从头开始。换句话说，他只有不断地折腾，才可能不断扩大和夯实文学创作的平台，才能不断有文学精品问世。

仁年是个文痴，但更是个君子！他一生为文而生，别无他求。同时，他为人侠义，心地坦荡，无所欲求，从不后悔。但是他说，他一生从不亏欠他人，而真正亏欠的是他的妻女和家人。

其实，仁年亏欠的还是他自已。几十年的下海生涯，他从机关到农村，从都市到深山，从内地到海滨，吃尽了苦头。应该说，他一生尽作“痴子”，尽做“傻事”，而他从不计较得失，从不追求利益，什么都无所谓，什么都可弃之不要。然而，从另一个角度看，仁年在亏欠自己中没有放弃文学，他只爱文学及其创作，成了典型的文痴！这是否又验证了“吃亏是福”的俗语。

直至今天，我对他下海折腾多年的经历，才有了一个比较客观的了解和认识，一切都起缘于文学，植根于创作。他的人生经历，就是一场体验生活、积累写作素材的采风过程，这在他后来写出的几千篇各种文学文艺作品中已充分体现出来。他折腾多年的经历也说明，我们对他的担心是多余的，他下海多年，并没有放弃写作，自2012年起，他每天早上三点五十分准时起床，赶在上班之前写一篇文稿放进博客，至今已坚持了十年之久。他在博客和微博发表作品的读者点击阅读量已达数千万之多，平均每篇不下八百人次，有的高达数千人次之多，可见读者对他作品的喜爱和认可。

仁年的文学作品题材广泛，风格独持，寓意深刻，总能让人一口气读完，爱不释手。需要特别指出的是，他的文学作品体裁多样，有长篇小说、中篇小说、短篇小说及微型小说，还有儿童文学、民间故事及传说等。他的散文优雅而接地气，总能给你一幅江南农村浓郁的乡土风情风貌，他的诗歌情深且题材广泛，形式更是丰富多样。而他在戏剧作品中的建树，也是众口皆碑，这本《宋仁年戏曲作品选集》，便是有力的佐证。

仁年在戏曲作品上的创作成就，更是被读者及同仁们交口赞誉，有目共睹。他写下许多优秀的戏剧剧本，如《雪冤记》《浣纱女》《相亲》《招亲》等大戏小戏，还有许多电视电影文学剧本，近年来他又写下《松梅壶》《玉芝缘》等大型古装戏，他的《庵门试卿》《换玉佩》等折子戏，更受到演艺界名家的一致好评。他还写下许多反映现实生活，歌颂老一辈革命家的戏剧作品，如《陈赓请客》《团圆饭》《上岗下岗》等小戏及许多小品，在这本选集中，还选入了他创作的十余个相声作品，内容个个贴近生活，语言风趣幽默、精彩纷呈。许多人在看了他的文学作品后，都由衷赞叹，称他为大师级的人物，是文学大家！从文痴到大咖，他用几十年的下海经历和一生的创作热情，铸就了横跨各类形式的文学精品，且作品之多，成就之大，在一般人看来，真是匪夷所思！

难能可贵的是，仁年长期以来不图虚名，作品不求发表，自从下海之后，他就不再投稿了，写作出于爱好，是为文学而写，后来有了互联网和博客、微博，他才以天目湖客的网名开始在自已的博客和微博上上传文稿。他的作品，还不断被许多网络文学及报刊杂志选用，被网友博友们转载转发。他对我说，作品是否发表出版都无所谓，现在有网络，有人喜欢看，我只管写就是了。

仁年的文学作品，有讴歌伟大时代和英雄人物的，有赞美经济发展和社会进步的，有关注民生的，有弘扬进取价值观的，还有抨击社会各种弊端和反腐败的等等。就作品风格和表现手法来说，既有现实主义的创作理念，也有展示浪漫情怀的方法。值得赞赏的是，他始终摈弃华而不实的文字创作，去繁求简，始终以朴实的语言，以文采飞扬的文笔来完成作品的写作，形成生动形象、飞逸潇洒、幽默灵动、亦诙亦庄的语言风格，这一点，在他的戏曲作品中也有充分的展示。可以说，不管是从题材和内容来看，或者以文学的体裁和形式来说，他的作品是百科全书式的剪影和缩影，是满满正能量的心灵鸡汤。

尽管我是从事哲学伦理学理论教学和研究工作的，仁年是从事文学创作和研究的，我们俩在不同的学科从事各自喜爱的事业，但是，我们的心灵是相通的。我们经常在相互欣赏和鼓励的同时，共同探讨人文社会科学学科交叉和学科融合的美好前景。仁年是谦虚好学的风流学者，他还经常听取同学和文友们对他作品的意见和建议，以至于他的文学作品能更臻于成熟，越发诱人和感人，难怪他的文学作品总是很贴近生活，且拥有越来越多的读者和粉丝。

为此，作为他的同学和朋友，我们一直期盼他的文学作品能尽快结集出版，以飨更多的读者。而他的各种文学作品，如果都整理结集出版，估计应有数十本之多！

现在摆放在读者面前的《宋仁年戏曲作品选集》，应是他戏曲作品的力作，可惜他以前写的许多上演剧本和获奖作品，如《雪冤记》《浣纱女》《相亲》等戏曲文稿已经散佚，无法收编进这本集子。我们看他的戏曲作品，从戏曲语言人物设置还是结构技巧等方面来看，都显出他对戏曲创作的娴熟，作品凸显了作为文学灵魂的伦理观念，奏响了爱国、奉献、仁爱、和谐、友善、敬业等主旋律，鞭挞了腐朽没落的价值观及其恶行。因此，这部《宋仁年戏曲作品选集》，将会在文学学科发展和社会主义文化建设方面起到独特的作用。

故，这部书值得好好品味和研读！

不得不说的是，仁年离开家乡近三十年了，现在还定居在外地，但挥之不去的是浓郁乡情，乡愁乡忆是他的精神常态，他是溧阳的游子，也是家乡的骄傲！是啊，我们这些游子，回家乡是一种思念，更是一种精神享受。因此，我们经常相约回家乡和亲友同学见面小聚，每次相聚，他都会谈到文学的百事百态，谈散文诗词戏曲的写作，这几乎是我们见面开谈的主要议题，在我们眼里，仁年是无时无地不文痴，无时无地不大咖！

近代法国哲学家、史学家、文学评论家泰纳曾说：“如果一部文学作品内容丰富，并且人们知道如何去解释它，那么我们在这作品中所找到的，会是一种人的心理，时常也就是一个时代的心理，有时更是一个种族的心理。”当然，我认为，这一定也是愉悦和进取的心理。愿读者从《宋仁年戏曲作品选集》中了解各种心理的“状态”并获得愉悦和进取的情感。

是为序。

下篇

九曲(郭建新摄)

鲸鱼闹海——莨山(郭建新摄)

群山呼唤(郭建新摄)

桥韵(郭建新摄)

美丽之源(沈佳宾摄)

天目晨曦(郭建新摄)

南山竹海(沈佳宾摄)

天目湖彩虹桥（郭建新摄）

溧阳一号公路(沈佳宾摄)

南山云海(沈佳宾摄)

山村(沈佳宾摄)

天目小景(郭建新摄)

云雾(郭建新摄)

天目湖湿地(沈佳宾摄)

梯镜(郭建新摄)

冷趣(郭建新摄)

春暖(沈佳宾摄)

飞梦(沈佳宾摄)

胡杨情(郭建新摄)

火烈鸟(郭建新摄)

新疆风光-1(郭建新摄)

新疆风光-2(郭建新摄)

新疆风光(采油)-3(郭建新摄)

新疆风光-4(郭建新摄)

龙脉(郭建新摄)

晨沐(沈佳宾摄)

梦幻(郭建新摄)

秋后(郭建新摄)

秋色(郭建新摄)

山里人家(郭建新摄)

山中渔夫(郭建新摄)

湿地渔歌(沈佳宾摄)

收获(郭建新摄)

水墨山村(郭建新摄)

扎尕纳(郭建新摄)

照镜（郭建新摄）

北极光（郭建新摄）

足球小子(郭建新摄)

珠峰雄鹰(郭建新摄)

一桥飞架南北(吴疆摄)

向往(吴疆摄)

玩海的孩子(郭建新摄)

天空之镜(郭建新摄)

天际(郭建新摄)

随园(吴疆摄)

日照金山(郭建新摄)

日出东方(吴疆摄)

乞力马扎罗(郭建新摄)

鸟趣(郭建新摄)

梦幻星空(吴疆摄)

梅里雪山(郭建新摄)

马达加斯加环尾猴(郭建新摄)

飞檐(吴疆摄)

雷诺冰川(郭建新摄)

何谓道德

关于“道德是什么”的问题，在学理上是有关道德概念的本体论之哲学追问。

对道德本体的研究和阐释存在多种维度，在我看来，需要从道德主体寻求切入点并展开哲学分析，进而揭示道德之应该即人或行为主体的道德责任的深层缘由。

历史上影响最大、争论最多且最接近于道德本体探究的是关于道德依据的“应该说”。正如我国著名伦理学家、中国人民大学资深教授宋希仁在《马克思恩格斯道德哲学研究》一书中所说：“没有对‘应当’的自觉和理论认识，就没有科学的道德哲学和科学的发展观。”这就是说，建构科学的道德哲学，其最为基础性的概念就是对“应该”(“应该”“应然”“应当”三词，在伦理学理论应用中，其涵义基本一致，但是，“应该”一词更多地内含情理上的必然和必须之意涵，故更接近于道德的内在特质，所以，我习惯在文章和言语中用“应该”一词）的正确认识和把握。我始终认为，如果不对道德依据即人立身处世、集体生存发展之“应该”进行深入的透视，我们对道德的认知就将始终难以深入，停留在浅显的表象层面，势必影响在社会实践中充分地体现“本体”或“本真”意义上的道德，进而影响发挥道德的社会实践功能。

历史上许多思想家，不管是唯心主义者还是旧唯物主义者，他们对道德之应该的本体论追问要么坚持唯心的所谓“辩证法”，要么陷入解析道德的形而上学泥坑，难以给予科学的解释。宋希仁在他的《西方伦理学思想史》一书中分析了沙甫慈伯利、康德的观点，他指出，近代英国伦理学家沙甫慈伯利对道德上的善恶起源提出了道德感的观点，认为，人天生具有一种能感悟道德善恶的“内在感官”——“道德感”，人的这种内在的道德感，能够感觉出情感合意与否的样态及行为美丑善恶的性质，因此，人们对道德的价值判断是人的内在感官的直接感悟。德国哲学家康德认为，道德价值及其道德法则不能建立在感性经验的基础上，而必须建立在人的理性本身的善良意志的基础上，即认为，善良意志不是因人的感觉善而善，即不是因快乐而善、因幸福而善、因功利而善的道德善，而是因其自身善而善的道德善。尽管诸如此类的似乎不同理路的道德解释都力图在寻找道德存在的依据，但是，道德缘何存在，并不是人的感觉或善良意志所能逻辑地说明清楚的。以“应该”之辩证法视角探讨道德依据即作道德本体论追问则更进一步拓展了这一认识，最具代表性的是德国哲学家黑格尔。他在他的《法哲学原理》一书中认为，道德是作为具有普遍意义的“自己在我自身中是自由的”那种自在的“应该”，是“自然的定在”。但他又说，作为主体的人又不同于主体，“因为主体只是人格的可能性”，人其实“是被规定了的东西”，这个被规定了的“规定”，就是自在定在的“自身自由”的道德转变为“主观意志的法”，即所谓的“抽象法”，它既是“自为地存在的自由的道德”自身，又是实现“自为地存在的自由的道德”的手段，“所以法的命令是：‘成为一个人，并尊敬他人为人’”。然而，道德自身或称“自在道德”与作为主体的人的道德是有距离的，因为，由于抽象法带有主观性，它难以与自在的道德“应该”实现同一。为此，黑格尔试图让道德与抽象法在伦理阶段实现统一，他说：“伦理是自由的概念。它是活的善在自我意识中具有它的知识和意志,通过自我意识的行动而达到它的现实性;另一方面自我意识在伦理性的存在中具有它的绝对基础和起推动作用的目的。因此,伦理就是成为现存世界和自我意识本性的那种自由的概念”。简言之,“主观的善和客观的、自在自为地存在的善的统一就是伦理”。黑格尔在明显地把道德与伦理分开的同时,又试图让道德与抽象法在伦理阶段实现统一,并认为,“单纯志向的桂冠就等于从不发绿的枯叶”,强调,有了“主观的善”,“一个人必须做些什么,应该尽些什么义务,才能成为有德的人”,这就是“伦理性的东西”。这是黑格尔在对道德作本体论阐释中超越康德的地方,也是具有一定的思想合理性。但是,实现“伦理性的东西”即主观意志与行为的统一,这是黑格尔的一厢情愿,在私有制条件下,在唯心主义的视域中,道德的“应该”和“实该”的统一是不可能真正实现的,更何况“现存世界和自我意识本性的那种自由的概念”,其本身有一个社会依据及其逻辑理由的合理性问题。其实,黑格尔思想的问题是,由于时代局限和唯心主义的思维方式,因此,他不可能科学地弄清道德依据及其缘由,更不可能清晰地阐释道德自身就是“应该”和“实该”的统一体。事实上，“应该”如果不内涵着未来必然出现的“实该”要素，这样的“应该”是没有意义的，尽管黑格尔认识到了“单纯志向的桂冠就等于从不发绿的枯叶”。

不管如何抽象地理解道德，道德仍然是属于现实世界，并成为社会的重要组成部分，因此，只有按照马克思历史唯物主义观点，从社会历史尤其是社会关系中来寻找道德的依据，才是唯一可走的正确道路。

道德是指人“立身”“处世”的客观的应该及其所体现的责任和规范。为此，我们有必要以人为切入点去认识人的存在理由及其责任缘由。

何为人？人之为人，强调的是人的存在的合理性问题。那么，人的存在合理性是什么？古希腊哲学家苏格拉底说过，人是理性动物。《孟子》中说，“仁也者，人也”，即《论语》中所言，“己欲立而立人，己欲达而达人”，“己所不欲，勿施于人”，才是真正的人。也就是说，人的存在的合理性在于人讲道德、有理性。亚里士多德指出，在这世界上，没有任何东西比理性更属于人了。正因为人是讲道德、有理性的，所以，人与动物的根本区别在于人是自觉的存在，自觉性是人之为人的重要依据。

既然人的存在的合理性体现为讲道德、有理性的人的自觉性，那么，人的自觉性又是如何体现和展示的呢？历史唯物主义告诉我们，人的自觉性体现在对人和人际关系的正确认识和把握。即是说，人的存在的合理性和自觉性内在特质是人对人类所特有的人之关系性的认识和把握。

人之关系性本质上即人的社会性。事实上，社会为人的存在提供了基础和依据，同时为人的生存和发展提供了最基本的条件。而社会本质上具有“过程”特质，它是永恒的不断发展着的自然历史过程，决定于并受制于社会的每一个人“天生”或“注定”有责任为社会的发展做出自己的贡献，应该为社会的发展不断注入自己应该注入的“要素”和“力量”。否则，在伦理学的意义上，人就将失去做人的资格。社会上那些玩世不恭甚至不惜损伤他人和社会利益的缺德之人，不是合格意义上的人，甚至将是人之不配。所以，人对其自身所面对的社会负责是人自身合理、自觉存在的前提。这就是说，人之为人在于按社会生活中的客观之“应该”所体现的责任和规范即道德要求立身与处世。

我们所说的道德之“应该”所体现的规范要求有其自身的独特性，它不同于带有“角色意蕴”和“利益意蕴”特质的道德规范。尽管对于一定的角色和利益群体来说，体现为规范的特定的“应该”都是以“应该”理由出现的，即是说，体现“应该”的规范都是以合理的姿态即“应该之应该”的面目问世的。然而，经济的、政治的、法律的、宗教的“应该”及其所体现的规范只能是一定社会的群体、阶层或阶级等等的“应该”及其规范。尤其是在阶级社会中，“应该”及其规范都有阶级的烙印。马克思指出，“人们按照自己的物质生产率建立相应的社会关系，正是这些人又按照自己的社会关系创造了相应的原理、观念和范畴。所以，这些观念、范畴也同它们所表现的关系一样，不是永恒的。它们是历史的暂时的产物。”(《马克思恩格斯文集》第 1 卷，2009)而“以往的全部历史，除原始状态外，都是阶级斗争的历史”，因此，在阶级社会中，“应该”都有阶级的烙印。“人们自觉地或不自觉地，归根到底总是从他们阶级地位所依据的实际关系中——从他们进行生产和交换的经济关系中，获得自己的伦理观念。”(《马克思恩格斯文集》第 9 卷，2009)

而科学的道德之“应该”及其规范，不同于政治、经济、法律、宗教之“应该”及其规范，它不代表某一群体、阶层或阶级等的角色和利益，除非某群体、阶层或阶级等的角色或利益代表着社会历史发展的方向，故体现为科学道德及其道德规范之“应该之应该”其本身就是“应该”的。换句话说，这“应该之应该”的“应该”不受任何因素的制约，是一种“必然”。所以，科学意义上的道德是“应该的应该之应该”，是道德本体及其道德规范之客观依据。

同时，需要说明的是，道德主体是个人，也是集体。由于集体是各个人之个体组成的，各个人之个体的生存样态，也直接影响集体的生存样态和质量，因此，作为国家、民族、单位等道德主体的集体也要承担应有的对个人对社会的客观的道德责任。我们国家治理中的“创新、协调、绿色、开放、共享”的发展理念，经济发展和社会管理中的“民生至上”和遇到灾难“救人第一”的人本理念，就是国家对国民责任尤其是道德责任的集中体现。所以，道德也是指集体生存、发展的客观的应该及其规范。同时需要说明的是，人自身是社会的一分子，道德要求人们要对社会和社会关系负责，这就意味着，每一个人也应该对自己的生存和发展负责，关爱自己，完善自己。说实话，一个不注意立身为人、对自己不负责任的人，就不可能有对他人、对社会、对国家负责的道德境界。

这样看来，我们所说的道德就是个人立身处世与集体生存发展的“应该的应该之应该”的“人格化”。

既然我们所说的道德是人立身处世与集体生存发展之“应该的应该之应该”，并明确提出要对社会（集体、共同体）、对他人、对自身负责，那么，这样的道德不可能仅仅停留在哲学分析或哲学理念层面，唯有“应该的应该之应该”及其所体现的道德规范与人的完善和人际关系的和谐达到统一甚或有机同一，我们所说的道德应该才有真正的实际意义，道德之为道德即本体论意义上的道德才是可能的或现实的。

这也就是说，本体论意义上的道德其实就是人立身处世与集体生存发展之“应该”实现本来样态即理性样态下的道德。

马克思认为，人类解放就是要“使人的世界即各种关系回归于人自身”（《马克思恩格斯文集》第1卷，2009）。他指出，虽然“任何解放都是使人的世界即各种关系回归于人自身”，但是，真正把所谓“人的世界即各种关系回归于人自身”，并不是靠资产阶级革命带来的“政治解放”来实现，而只能靠无产阶级革命所带来的“社会解放”来实现。马克思的关于共产主义社会的人类生存样态，其实也是人类发展的崇高道德目的，而且适用于现在对道德理性样态的深刻理解和把握。

所谓把“人的世界”“回归于人自身”，可以从以下几点来理解：一是指人们应该具有崇高的道德境界，真正认识到人作为人而存在着的本质在于认识到人之特性即社会关系性，人的存在与对社会、对他人、对自己的责任同时并存且相互统一。二是指在理想的社会中，“个人的独创的和自由的发展不再是一句空话”(《马克思恩格斯全集》第3卷，1960)，而且，这“个人的独创的和自由的发展”应该是在个人应有能力基础上的聪明才智的充分发挥及其创造。三是指“与人相称的地位”，即“每个人都能自由地发展他的人的本性”，过着“能满足一切生活条件和生活需要的真正的人的生活”(《马克思恩格斯全集》第2卷，1957)。这里的人的本性应该是与马克思所构想的共产主义社会的人的道德理性样态即共产主义社会的“应该的应该之应该”相一致或相统一的人之为人的理由和要求。当然，在现时代，“真正的人的生活”应该是有尊严的、条件合适的、愉快的生活。四是劳动已经不再是谋生的手段，而是变成了生活的第一需要。在现阶段，劳动尽管还不可能成为生活的第一需要，但事实上，人们已经开始把劳动当作愉快的生活之一和健康的重要条件等。换句话说，人们已经开始逐步向劳动是生活的第一需要的生存状态趋近。

从某种意义上说，回归人的世界就是回归人的关系，因为人的世界是由人、人的关系组成的。在马克思主义看来，之所以把“各种关系回归于人自身”的原因是由人的本质决定的，因为在马克思主义的视阈中，“人的本质不是单个人所固有的抽象物，在其现实性上，它是一切社会关系的总和”（《马克思恩格斯文集》第1卷，2009）。即是说，人是处于“既有的历史条件和关系范围之内的自己”（《马克思恩格斯文集》第1卷，2009），“人的本质是人的真正的社会联系”（《马克思恩格斯全集》第42卷，1979）。

简言之，人是关系性的范畴，因此，把“人的世界”“回归于人自身”就意味着必然地要求把“各种关系”回归于人自身，所以，马克思的“使人的世界即各种关系回归于人自身”语句中的“即”用的是多么的辩证和深刻。当然，“各种关系回归于人自身”即人类理想共同体的实现，又是实现“人的世界”的条件，因为“只有在共同体中，个人才能获得全面发展其才能的手段，也就是说，只有在共同体中才可能有个人自由”(《马克思恩格斯文集》第1卷,2009)。

在这样的共同体中,没有贫富差别、没有高低等级、没有剥削、没有压迫、没有歧视等等,社会和谐将成为社会生活常态。

因此,“人的世界”和“各种关系”在“回归于人自身”过程中是统一的,也是同一的。

其实,“使人的世界即各种关系回归于人自身”的道德及其目标,蕴含着道德主体应该承担的责任和需要履行的规范。唯有承担应该承担的道德责任,按规范行动,才能实现人的完美和建成和谐共同体。坚持和崇尚真正的自由,才能实现全社会的一切人的自由,并形成真正的自由人的联合体;坚持人格和利益平等,才能让人有尊严地劳动和生活,才能激发人们的劳动和生活积极性;坚持扬善遏恶、伸张正义,才能创建和谐的社会生活环境,实现人的世界即各种关系的回归,等等。进而言之,每一个社会成员能够理性对待生活现实,自觉履行应该履行的社会道德责任,一切言行有利于社会的和谐稳定和经济的快速发展,实现“人人为我,我为人人;我为人人,人人为我”的伦理生态文明,这样的国家、民族和集体,无不兴旺发达、经久不衰。

由是观之，马克思的“使人的世界即各种关系回归于人自身”的命题是我们主张的道德即“应该的应该之应该”的规范体现和目标实现。因此，“人的世界即各种关系回归于人自身”的社会就是道德化的社会。社会主义社会是不断趋向和逐步实现“使人的世界即各种关系回归于人自身”的社会，因此，社会主义社会也是动力强劲的社会。

那么，如何才能使得人立身处世与社会生存发展之“应该”与“实该”获得真正的统一或同一，并不断地“使人的世界即各种关系回归于人自身”，逐步实现道德化的社会。答案只有一个，那就是行动。真所谓“道不可坐论，德不能空谈”(《习近平谈治国理政》,2014)。事实上，唯有行动，道德之为道德才能真正实现，本体意义上的道德才具备真正的道德意蕴；唯有人人“知德”“敬德”“践德”，“人的世界即各种关系回归于人自身”才有可能真正实现。为此，古希腊哲学家亚里士多德在他的《尼各马可伦理学》中说：“合乎德性的行为，本身具有某种品质还不行，只有当行为者在行动时也处于某种心灵状态，才能说明是公正的或节制的。第一，他必须是有所知、自觉的；

第二，他必须有意识地选择行为，而且是为了行为自身而选择的；第三，他必须在行动中，勉力地坚持到底。”我国宋代朱熹的《朱子语类》从另一种角度指出：“知行常相须，如目无足不行，足无目不见。论先后，知为先；论轻重，行为重。”因此，道德行动的本身即内涵着“致知”“明德”。这就是说，只有坚持知与行的统一，且人人“知德”“敬德”“践德”，才能真正实现德之为德，即本真意义上的道德。

要人人知德。唯有知善恶，才能树立正确的荣辱观，才能不断增强趋善扼恶的自觉性。首先要像普及法律一样来普及道德，使所有民众不仅知道社会生活中的善和恶以及道德规范是什么，而且都能懂得人和社会为什么需要道德。当然，不能忽视的重要前提是，要想让道德的宣传教育起到理想的效果，还应该重视提升人们的文化水平，让人们在知其然同时又知其所以然中提升道德觉悟。同时，但凡一个道德觉悟及道德水平高的人或集体，其不仅深知何为道德和为什么需要道德，而且熟知系统的道德规范体系，因此，现阶段需要在加强道德理论和道德规范的研究和阐释的同时，深入推进道德的宣传和教育工作。唯有理论先行，知德才能知到位。

要人人敬德。道德是人立身处世与集体生存发展的要求，也是社会生活的基本方式和内容。缺少道德，人生、集体和社会是不完整和不完美的，甚至是扭曲的、非理性的。要通过促进养性修德，养成全社会尊德、敬德的良好风尚。尤其要加强积德荣誉感和缺德羞耻感的培育，要在继承和弘扬传统美德、建设社会主义道德的同时，理直气壮地反对腐朽没落道德，反对道德麻木，反对缺德行为，使得全社会扬善遏恶、敬德积德蔚然成风，这也确是敬德的题中应有之义。当然，敬德更重要的是养成敬畏道德的习惯，而敬畏道德即一是要在任何时候任何情况下坚守道德底线，不敢、不愿有违背道德的言行，及时纠正不适合道德要求的举动；二是要自觉履行应该履行的道德责任，并进而以“慎独”展示敬德的最高境界。

要人人践德。亚当·斯密在《道德情操论》中说过：“完美的品质，存在于指导我们的全部行动以增进最大可能的利益的过程中，存在于使所有较低级的感情服从于对人类普遍幸福的追求这种做法之中，存在于只把个人看成是芸芸众生之一，认为个人的幸福只有在不违反或有助于全体的幸福时才能去追求的看法之中。”这就是说，德之为德在行动，否则，“人的世界即各种关系回归于人自身”将永远不可能实现，那个人的德、集体的德、国家的德、社会的德，也将德将不德。事实上，道德在本质上需要行动，离开了行动，道德就是“空中楼阁”。就我国现有道德建设的状况来看，科学、有机的社会道德实践体系尚没有完美形成，在一定意义上是我国道德建设的“短板”，因此，也在一定意义上影响着社会践德正常而有效的展开。为此，当务之急是要有践德的战略思路，要有宏观目标，要有社会道德实践的统筹规划；同时，要有切实的践德战术路径，要动员人们积极参与志愿者服务、爱心互助、绿色行动等具体的道德实践活动，促使践德成为人人生活的一部分，让不可或缺的道德要素支撑完善的人和社会完美发展。事实上，正如美国伦理学家麦金太尔在《追寻美德》一书中简评亚里士多德对诸美德的解说时说的，“诸美德的践行本身就是对人类来说善的生活的一个至关重要的组成部分”。

综上所述，道德“应该”，或称道德之“应该的应该之应该”是道德的客观依据；“使人的世界即各种关系回归于人自身”是道德的理性样态和崇高目的；道德行动是道德之为道德的前提和根本，因此，本真意义上的道德是人立身处世与集体生存发展之“应该”和“实该”的统一体甚或同一体。故道德之应该的逻辑回归其实就是“应该的应该之应该”意义上的道德通过行动回归于自身的道德。为此，道德是指不断地回归于应该的人立身处世与集体生存发展的价值取向及其行为规范和自觉行动。

（原以题为“论道德之应该的逻辑回归”载《道德与文明》2016年第3期，《新华文摘》2016年第21期、《伦理学》2016年第8期、《社会科学文摘》2017年第1期分别全文转载。收录本书有删节）

经济德性

为什么近几年国产奶粉的市场份额在减少，制奶企业大多境况不佳，而洋奶粉要么挺进中国市场，要么吸引中国客户跑进外国市场。这里的根本原因是我国有的奶业企业忽视甚或缺失作为经济灵魂的经济德性。

经济有没有德性问题，在学界有着不同的看法。有的经济学家认为，经济就是投入、产出、效益等物质及其数量概念，与道德或德性无关。甚至有经济学家由此指出，经济学家关注或研究道德或德性问题是狗拿耗子多管闲事。还有的明确强调，经济就是经济，道德就是道德，等经济发展了再谈道德问题也不迟。在伦理学界，也有学者认为，经济讲利，道德讲义，是风牛马不相及的两回事，甚至认为道德或德性沾上经济，要么美化了经济，要么亵渎了道德。诸如此类观点，都是学科交叉理念缺失的体现，是亟待纠正的一种偏见。

经济是有德性的。德性和经济德性是什么？德性一般是指一定社会的道德主体在崇善的道德境界支配下为实现道德理想而自觉履行道德义务的持久品质。进而言之，经济德性是经济行为的价值取向及其所体现的崇高境界，是经济主体的道德素质与人格修养，是经济活动中应该承担的道德责任，是理性、持久的经济品质。因此，经济德性是经济与道德的耦合体，是经济与道德关系的合理存在样式。说到底，经济德性是经济的灵魂。为此，经济德性既是经济发展的重要资源和依据，也是科学认识经济及其规律的不可或缺的核心内容。

认识经济需要有德性视角。诺贝尔经济学奖获得者阿马蒂亚·森在《伦理学与经济学》一书中曾指出，经济学与伦理学的分离已经导致了福利经济学的贫困化，也大大削弱了描述经济学和预测经济学的基础。随着现代经济学与伦理学之间隔阂的不断加深，现代经济学已经出现了严重的贫困化现象。阿马蒂亚·森是在说明，离开或缺乏经济德性理念，经济学将会是贫困的，加以引申，离开或缺乏经济德性理念，经济也将是不发达的。反观我国的经济学研究，不难发现，经济学理论往往滞后于经济发展，有的经济学家在一些重要的经济现象面前要么失语，要么发表不着边际的空洞的评说。这不能不说与忽视或缺少德性视角有关。事实上，正如德国著名经济伦理学家科斯诺夫斯基在《伦理经济学原理》一书中所说，对经济理论和道德伦理之间的界限根本不能做严格的界定，因为一般的经济行为与这两种理论必定都有联系。因此，唯有充分的经济德性视角，才能深刻地认识经济和经济规律。

经济发展不可缺少经济德性。因为，经济德性意味着经济行为主体具有时代所要求的经济道德理念、经济品质和劳动积极性，有着经济德性的经济行为主体，其行动必然影响到包括生产、交换、分配、消费在内的经济行为的全过程。经济主体在生产、销售、服务、享用过程中将会以理性态度对待经济行为的各个环节，使得经济发展成为和谐经济，并由此提升全社会生产和生活的道德化程度，真正实现经济社会的和谐发展。同时，经济行为最直接的目的是物质利益，然而，如何创造或实现物质利益，即物质利益实现过程采取的手段和运用的途径是什么，是十分复杂的经济行为工程。经济德性是所有经济行为的标杆，只要坚持经济目的与道德目的相一致，坚持道德理念与物质理念的统一，坚持以道德规范为行动准则，物质创造过程一定会是理性、快速和高效的。再者，经济德性就是经济关系范畴，它是经济领域各种关系尤其是利益关系的协调与和谐的道德要求与道德习惯。在经济活动中，经济行为主体均有自己的行为目的，而且各种经济目的之境界及实现目的的手段与方法、目的呈现形式、目的的功用都有着不同的内容，甚至有着本质的差别。有些差别是无碍大局的，甚至是经济发展的特色和条件。但是，有些差别则体现为竞争各方损人利己的不正当经济理念和行动。如果任由这些理念和行动存在，势必影响竞争各方的利益，最终也必定影响经济行为主体。经济德性有着协调各种经济活动并使之实现双赢或多赢的功能。事实上，大凡经济发展顺利的单位或地区，往往已经形成公正、公平、诚信、协作等经济德性并发挥着在利益各方的协调和促进作用。正如有学者说，“唯有基本的品德能够为人际关系技巧赋予生命”，也唯有经济德性才能使各种经济利益关系的和谐成为可能。

（原载《中国社会科学报·哲学版·学者个人专栏》2013 年 12 月 9 日）

漫谈道德力

道德力乃经济社会发展之基础力和核心力。

事物的力就是力量,事物的功能是可能或潜在的力量,事物的作用是力量的形成和表现。而且,作为事物功能的可能或潜在力量一定意味着能发挥作用的力量,否则,事物的可能或潜在力量就不能成立或没有意义;同时,事物作用的发挥意味着它有着体现可能或潜在力量的功能,否则,事物的作用没有依据。由是观之,道德作为特殊的社会存在,有其特殊的功能和作用,道德力与道德同在。又因为,道德是人之为人的合理性的依据,是人之完善之精神资源,忽视甚至缺少道德,人难以成事,经济社会发展也将会失去精神力量。

事实上,道德存在就是一种力。道德存在的理由只有一个,即它有用,它能发挥自己特殊的作用力。一方面,人之为人在德,道德决定人作为人的存在。没有道德何从识人,又何从谈人。另一方面,力的存在体现在力量的发挥及作用的形成,大力、强力、好力等等则体现在力量的最佳发挥和作用的最好形成。我们常说的"人力""物力"财力"等等,离开了道德,这些所谓的力就无法展示出来,甚至会变成负面力量,影响正能量的力的存在。就拿"人力"来说,人的力量的形成需要人有知识、有技能、有好的体质等等,但是,人若没有基本的道德觉悟和高尚的人生价值取向,丰富的知识、高超的技能、良好的体质也不能发挥应有的作用,在这种情况下谈人力还有意义吗?再看"物力","物力"之力在于"物"的有用性和耐用性,而这取决于人们在认识"物"和制造"物"的过程中的道德境界和道德投入,即取决于在多大程度上符合人性和人际利益交往的需求。离开了道德,"物力"无法体现。至于"财力","财力"的大小仅仅表现为金钱的数量吗?显然不是。因为,钱多不一定就说明有"财力",如果投资不合理,甚至违背理性、挥霍浪费,钱多不仅不能说明"财力",反而可能成为社会有机体的"腐蚀力"。当然,如果投资理性、合理,那就能展示财力。因此,"财力"

的形成和发挥需要道德的支撑。人类发展史告诉我们，社会的存续和发展，始终离不开道德的引导和协调。可以想象，一个缺乏道德的社会，将会是乱象丛生、矛盾重重、幸福指数极低的社会。因此，人类社会不能没有道德，道德始终伴随着理性社会的生存和发展。

在经济领域，道德也是生产力。历史唯物主义认为，“生产力当然始终是有用的、具体的劳动的生产力”，它是由“物质生产力和精神生产力”构成，而且物质的生产力依靠精神的生产力才得以成立或形成。然而，道德是精神生产力的基础和核心内容。这是因为，生产力的核心要素是劳动者，而劳动者的道德觉悟直接影响他们的劳动目标和劳动态度，最终直接决定劳动成果和生产力水平。就制造一个具体的劳动产品来说，如果劳动者负责任地全身心投入，不仅能够保证产品质量，而且可以实现最低消耗，客观上能够缩短单位产品的社会必要劳动时间而降低产品成本。

当今国人都在为实现中国梦而奋斗。而要实现中国梦还得首先做好道德理想之梦，唯有中华民族道德的真正觉悟，才能树立以中国人的人格和国格诉求为标志的具有中国风格和中国气派的中国精神，才能真正实现中华民族的伟大复兴之梦。不具备基本的社会主义道德精神，中国梦将难以实现。党的十八大提出要着力推进我国社会公民道德建设工程，这将预示中国梦将会是中华民族腾飞之美梦。

（原以题为“道德力影响其他社会力量”载《中国社会科学报·哲学版·学者个人专栏》2013年12月2日）

道德生产力何以可能

我在 20 世纪 90 年代中期提出道德生产力概念以来，在学界一直争议不断。在这期间，由于讨论的不断深入，道德生产力的概念也越辩越清，虽然如此，质疑声也一直没有中断过，这有力地推动了这一学术理念的研究向纵深发展。对有关质疑，我再作回应，以进一步说明我的道德生产力观点。

解放生产力首先是解放人的思想，道德是解放人的思想的题中应有之义。有人认为，生产力是物质的，无需谈道德问题，更不存在道德生产力。其实，深刻探究解放生产力的思想，不难看出，解放生产力首先是要解放人的思想，让人讲真理、讲真话，再进一步，更重要的是首先提升人的道德境界。没有基本的做人标准，没有崇高的价值取向，哪来讲真理和讲真话的勇气。而只有思想解放了，只有道德觉悟提高了，作为生产力核心要素的人的活力才能被充分激发出来，作为生产力标志的劳动工具也才能充分发挥其应有的功能，作为生产力重要条件的资源（劳动对象）才能实现生态性利用。

道德生产力不是指道德直接转变成物质生产力。有人认为，道德生产力是把道德直接转变成生产力，也即意识可以直接成为物质。其实这是对道德生产力观念的曲解。讲道德生产力，仅仅是指科学意义上的道德是生产力中的重要内容或因素，在生产力的发展中起着特殊的作用力；同时，既然道德是既影响劳动工具作用的发挥、又影响对劳动对象的生态性利用的重要因素，这就意味着，道德作为精神生产力在作用于物质生产力过程中又起着社会劳动生产力的作用。具体说来，道德作为劳动生产力发挥作用过程中有其独特的功能和展示方式。其一，作为意识形态的道德，它一般不能直接渗透到生产力各要素中去发挥作用，但它可以影响劳动者，决定劳动者以什么样的姿态投入生产过程，以何种精神状态使得“死的生产力”变成劳动生产力；它可以影响劳动关系的存在方式，从而在一定程度上决定生产力内部要素之间的联系方式及其作用的理性程度。其二，作为人的品质或品性的道德，在人进入生产过程并发挥作用时，道德也就通过人成为了生产力要素。假如劳动者不具备基本的道德素质，人作为生产力第一要素在进入生产过程中处在被动状态，在发挥劳动工具和劳动对象的能量时，往往也是没有动力，没有目标，那作为“死的生产力”的工具（机器）不能最大限度或最好状态地激活。事实上，一个没有道德觉悟的人，一群没有团结协作精神甚至惯于内讧的人，必然会对社会生产力水平的提高和作用的发挥产生十分消极甚至破坏作用。

道德生产力的提出不违背物质决定意识的唯物辩证法观点。有人认为，提出道德影响生产力发展，道德也是生产力。那么，决定道德的物质生产力就成了被决定，这是颠倒了物质和意识的关系。其实，物质和精神不等于生产力，即生产力不是物质和精神本身。同时，物质生产力和精神生产力不是可分离的两种生产力，事实上，讲精神生产力是强调生产力的精神因素，并不是把精神生产力当作独立的生产力来看待。我曾经提到，物质生产力只有作为精神生产力的科学、思想、道德等在进入生产过程并发挥作用时，物质生产力作为劳动生产力才得以成立;同样精神生产力只有进入生产过程并指导或影响物质和精神生产时才得以体现。为此,物质生产力和精神生产力是相辅相成、相互作用的两大生产力要素。这一理念并没有违背物质决定意识的唯物辩证法观点,事实上,道德生产力强调了意识的能动作用,倒是强化了唯物辩证法思想。

对在生产力内部起到影响或促进作用的精神因素都可以当作生产力要素,而道德在精神生产力要素中是处在基础和核心的地位。有人认为,如果道德是生产力,那么,在经济领域起引导、约束等等作用的方针、政策、政治、法律、管理甚至哲学等等都可以是生产力。既然生产力必然包括精神因素,存在着精神生产力,那么,我们完全可以把方针、政策、政治、法律、管理甚至哲学等也看成是生产力的内涵或因素。当然,它必须是科学的理论或理念,同时也必须作用于物质生产力。要指出的是,尽管精神生产力可以是包括道德在内的多种表现形式,但道德与精神生产力的其他表现形式不同,道德有其独特的作用,尤其是社会主义道德作为一种理性法则或理性精神,它理应渗透在方针、政策、政治、法律、管理之中,不内涵社会主义理性法则或理性精神的方针、政策、政治、法律、管理是不可思议的，甚或落后、被动的。所以，我认为，道德是精神生产力之基础和核心要素，在一定意义上，道德生产力和精神生产力可以在同等意义上认识和使用。

当今时代，对生产力的理解已经不是传统的物质视域下的理解。“生产力是物质的”之命题，只是在生产力的标志和生产操作的表象及其直接产品等特殊视角下的表述。其实，正如前面所说，生产力必然内涵精神因素，这与社会生产力概念在一定意义上是相通的，即生产力包括物质的生产力和精神的生产力，而社会生产力是指包括社会管理在内的物质和精神等全部生产性要素及其能力。为此，作为生产力或社会生产力的精神层面的道德，即道德生产力是经济社会发展的根本性动力。没有道德生产力理念，对生产力或社会生产力的理解和把握将会是欠缺甚或是错误的。

（原载《社会科学报》2013 年 11 月 7 日）

道德资本

自从我以系列文章阐述道德资本理论以来，理论界产生了至少两种不同的观点：一是认为道德资本缺乏存在的依据和可能，因而这一范畴不能成立；二是认为道德资本超越了道德目的论与道德工具论的二元对立，因此，这一范畴从终极性上揭示了道德的功能和作用。我始终认为，道德资本的存在有其充分的依据。不承认道德资本，也就不承认道德的经济功能和作用，也就从根本上排除了道德存在的理由。

道德在何种意义上成为资本呢？

道德是人性化产品设计的灵魂。经济发展速度或企业经营效益往往取决于企业的产品设计和产品质量。产品设计和产品质量决定了产品的市场占有率和销售速度，进而影响企业利润的实现及增长。进一步而言，企业的产品设计和产品质量通常受制于科学技术、社会文化和道德三个因素。一般来说，科学技术决定产品的适用、实用、耐用和好用等；社会文化决定产品的样式、美观度等；道德决定产品的人性化程度和价值指向等。在这三个因素中，道德对产品设计和产品质量起着决定性作用。原因在于，所有生产品都是为人的生产和生活所用，产品的样式和功能越是接近于人性需求（这里的人性需求指的是人的自然属性和社会属性的需求。就自然属性来说，人的身体及其生理对一定产品有特定的要求；就社会属性来说，人的社会活动要求产品有利于人的交往和社会生活质量的提高），即越是内涵道德性，就越会受到使用者的欢迎。例如，中国目前可谓是世界第一大手机市场，近年来的市场竞争也愈加激烈。然而，一些手机品牌始终占据市场的主导地位，经久不衰地受到用户的青睐，市场占有率居高不下。其中一个重要原因在于，这些品牌手机的制造商不仅在功能和样式的研发上不断加大科技含量，同时也高度重视在设计和生产中体现消费者的人性需求，由此加大了产品的道德含量。又如，像三鹿等知名企业之所以一夜之间倒垮，根本原因是企业在产品的配方、生产和销售等环节漠视消费者的需求和安全，最终因产品的道德缺失而走向毁灭。这说明，产品的市场占有率往往取决于生产者生产产品的责任心及产品中的道德含量。

道德是缩短单位产品个别劳动时间的重要因素。在产品制造过程中，由于生产技术和生产工艺的不同，尤其是生产过程所渗入的道德含量不一样，同类产品的价格成本所依据的社会必要劳动时间在不同的企业中有所不同。在信息化程度越来越高的今天，生产技术和生产工艺的趋同程度越来越高，趋同的时间越来越短。由此，如何缩短单位产品的个别劳动时间已成为企业间竞争的关键。可以说，谁缩短了单位产品的个别劳动时间，谁就能够在市场竞争中赢得主动、获得利润并最终成功。在这里，单位产品个别劳动时间的缩短，很大程度上依赖于产品制造过程的道德渗入。“泰罗制”式的生产管理尽管因大大缩短了单位产品的社会必要劳动时间而一度被奉为管理“宝典”，然而，此种管理方式从根本上说是漠视甚至摧残人性的。这种摧残人性的所谓“科学管理”，不仅影响劳动者的积极性、主动性和创造性，更造成劳动者与企业主之间关系的紧张甚至对立。由此，关系摩擦过程中的劳动者始终处于情绪不稳、心理失衡、消极怠工等不良工作状态，必然影响产品生产过程中形成最佳生产运作态势，这又在客观上增加了单位产品的社会必要（或个别）劳动时间。正因为如此，随着时间的推移，这种缺乏道德内涵的管理方式逐渐被更加人本化的管理方式所取代。在现代化大生产的条件下，任何企业的产品制造都是一种社会行为，都需要良好的社会协作才能最大限度地缩短单位产品的社会必要（或个别）劳动时间。显然，这更有赖于社会整体道德水平的提高。正如美籍学者弗兰西斯·福山在《信任——社会道德与繁荣的创造》一书中指出的，一个国家或地区能否形塑有效合理经营的企业组织和经营形态，是其经济能否持续发展的关键要素，这种企业组织的形成取决于表现该社会内部成员之间信任程度的“自发社会力”的高低。应当看到，在现代生产条件下，企业与企业之间既有竞争也有合作，但是，企业只有相互建立合作与信任才能真正实现双赢。企业与企业之间的诚信合作，可以消除因信息封锁、无谓摩擦和相互拆台等因素造成的生产成本增加。正因为如此，有一些学者提出，道德能降低市场交易的成本，促进经济的增长。可以说，在现代生产条件下，要缩短单位产品的社会必要(或个别)劳动时间,获取更多利润,道德是不可或缺的重要条件。

道德是市场信誉之源。毋庸置疑,信誉是企业的生命,是企业产品市场占有率不断提高的重要依靠。然而,企业信誉的获得不仅要靠产品的技术含量和文化品位,更要靠以诚信、责任为核心的企业道德水准。用户购买了某一品牌的产品,是基于对该品牌的信任。在使用过程中,用户信任度的提高和信任感的持续往往取决于该产品的道德含量和产品售后服务承诺的兑现程度。可以说,大量中外企业以自身的繁荣或衰败验证了企业道德与市场信誉之间的这种正向关联。如果企业在产品设计和生产过程中真诚地面对用户,最大限度地满足人性化需求,以达到用户生活和生产的最佳目的,在销售和服务过程中始终兑现承诺,做到诚信销售和诚信服务,必然会在赢得市场信誉的同时不断扩大市场占有率。反之,即便是国际或国内著名品牌,如果在产品设计、生产、销售和服务中出现偷工减料、以次充好、夸大功能和空头承诺等道德缺失问题,就会导致企业市场信誉的毁损,并带来产品销量的下降和企业利润的减少,更可能因此葬送企业的前途。曾几何时,某国际著名汽车品牌因在我国市场售后服务中缺乏责任意识，导致接连出现客户或在大庭广众面前用铁锤砸毁自己的该品牌汽车，或用毛驴拖着自己的该品牌汽车游街，致使该品牌的声誉受到严重影响，在我国的市场销量直线下降，最后惊动总部出面处理问题才扭转危机。即便如此，该企业市场声誉和经营效益的恢复仍然经历了相当长的一段时间。可见，道德责任意识是企业的精神支柱，道德承诺和道德举动是企业获取市场信誉并获得更多利润和效益不可或缺的重要因素。

道德是激活有形资本并提高资本增殖能力的重要条件。资本的本质特征在于运动，资本只有不停地运动，才能实现价值增殖，否则就不能称其为“资本”。在资本运动的过程中，道德能够通过激活人力资本和有形资本促使价值增殖。首先，道德能够加快有形资本的运行速度。道德通过组织制度的道德化设计以及对人的潜能的激发，盘活有形资产，实现资源的优化配置，从而提高生产效率。从一定意义上说，改革开放以来我国的企业制度改革，正是社会主义道德要求在企业制度建设中的具体体现。通过企业产权制度的改革，使国家、企业和个人之间的利益关系更加清晰、公正和合理，由此，人的积极性得到充分的发挥，资源的利用率和利用效果达到了最大和最佳状态，企业经济效益快速增长。其次，道德还可以不断地物化并渗透在有形资本当中，通过企业信誉和核心竞争力等形式，形成资本存量，提高有形资产的附加值。一个充分担当道德责任的企业，其市场信誉将会极大地提升，这有利于企业产品市场占有率的提高，也势必增加企业有形资产的附加值，并最终增加企业的利润。最后，道德能够通过对经济主体品质、素养和境界的提升而激活人力资本，从而成为企业利润增加乃至整个社会财富增长的资本性资源。具备积极的人生价值取向和优秀的职业道德素养的劳动者，才能够真正成为生产活动的“第一要素”。正是在这一意义上，道德资本与人力资本无论在学理层面还是实践层面都有着密切的内在关联。

道德是理性消费的引导或约束力量。无论是生产消费还是生活消费，都是对物质和精神文化财富的消耗。然而，缺少道德引导和约束的消费会成为无度的消耗和浪费，是造成生态危机、环境恶化的重要原因。理性消费就是道德性消费，具体表现为低碳消费、适度消费、生态消费等消费理念和消费行为。就低碳消费来说，它能够通过最大限度地减少消耗、降低碳排放，对人类生活、生产环境起到重要的保护作用。就适度消费来说，它倡导合理地提高消费水平，既反对过度消费和奢侈性消费，也不主张吝啬性消费或滞后性消费，从而以适当的“度”寻求人类生活水平提高与环境保护之间的平衡点。就生态消费来说，它反对对自然、社会资源的掠夺性、破坏性消费，认为这种消费是一种摧残自然生态和社会生态的畸形消费，最终也将对企业利润的增加和社会财富的创造起到负面影响。因此，理性消费具有深刻的道德蕴涵，是能够促进社会财富增长的道德性消费。坚持道德引导和约束下的理性消费，才能真正使消费成为生产发展和财富增长的推动力量。

需要指出的是，道德和道德资本并不是同一的，即是说，并不是凡道德就是资本。首先，发挥经济功能并产生效益的道德才有资本意义。就资本理论来说，从马克思的经典资本理论，到包括中外学者论及的人力资本理论、社会资本理论和文化资本理论在内的广义资本理论，人们对资本范畴的理解正不断发生变化。英国经济学家马歇尔在《经济学原理》（上卷）中指出：“资本大部分是由知识和组织构成的……知识是我们最有力的生产动力。”尔后，美国社会学家林南在《社会资本——关于社会结构与行动的理论》中也指出，行动或选择已经作为新资本理论的一个重要因素出现。总之，用人力资本理论之父舒尔茨《论人力资本投资》中的一句话来概括，广义资本观是一种客观存在，“假如它能够提供一种有经济价值的生产性服务，它就成了一种资本。”然而，透过形形色色的广义资本理论，无论是人力资源，还是文化资源，抑或是社会资源，其资本作用的发挥有赖于活劳动的价值创造能力。就此而言，现代广义资本理论和马克思的经典资本理论在资本一般意义上是一脉相承的。既然资本的价值源泉在于活劳动的价值创造过程，所有在价值形成过程或价值增殖中影响活劳动发挥作用的物质和精神因素都具有资本属性，因此，资本就是投入生产过程能够产生利润或效益的体现为物质的或精神的价值，这就是资本一般（马克思的“资本”概念，说明了资本主义条件下的资本本质，体现了资产阶级和工人阶级之间的资本剥削雇佣劳动的关系，这是“资本特殊”）。而道德资本是在广义资本或资本一般理论基础上的进一步拓展，是从广义资本或资本一般形态中分离出来的一种独特的资本形态。非实体性的道德资本不同于实物资本，它渗透在人力资本、知识资本、文化资本和社会资本之中，并通过其他资本形态而发挥其特有的功能和作用。在广义资本或资本一般形态中，无论是实物资本中凝结的劳动属性，还是非实物资本中含有的精神要素，只要与价值目的相关，都可以成为道德资本的价值来源。事实上，科学的道德能够以其特有的引导、规范、制约和协调功能作用于生产过程，从而促进价值增殖。因此，从广义资本或资本一般这一概念出发，道德作为影响价值形成与价值增殖的精神因素具有明显的资本属性。为此，在经济活动中，有助于活劳动创造价值增殖（利润）的诸如道德理念、价值观念、习俗规范、善意善行等一切道德因素都应该是道德资本。在这一意义上，实物资本和无形资本中所包含的一切体现社会理性精神的价值要素都可归入道德资本的范畴。

其次，道德成为资本有其逻辑界限。提出和认同道德资本概念，既不是一种泛道德主义，也不是一种道德万能论，而是指投入生产过程之中作为一种生产要素而客观存在的道德形态，生产活动的场域就是道德资本发挥作用的实际边界。从历史上看，资本概念从一开始就是同生产活动紧密联系的。随着人类生产活动的发展，现代资本概念逐步涵盖了人力资本、社会资本、文化资本和道德资本等新内容，因此，道德资本是生产活动发展的产物。所以，从社会发展的宏观意义上来看，说道德是一种资本，并不是要从道德上去美化资本，甚或使道德沦为资本增殖的伪善工具，而是强调道德可以而且应该为获得更多利润和效益发挥其独特的作用。而且，事实上，道德一方面充当资本的盈利手段，另一方面却是对资本作“内在批判”。在现代社会，资本的本性是追逐剩余价值或更多利润。人力资本、社会资本、文化资本和道德资本都是资本容纳和调控的一切可以为价值创造过程服务的有用物。一方面，资本总是试图把一切当作为赚取剩余价值或更多利润的服务工具。另一方面，资本虽然在以独特的方式影响着资源、知识、文化和道德，但也在客观上塑造着人本身。这些被提升了的人类理性水平和精神力量反过来又会内在地成为约束资本负面效应的力量，也即对资本作“内在批判”。在这方面，道德资本的价值目的性较其他资本形态更为突出。道德不仅能够以自身的工具理性为资本服务，也可以在资本内部以自身的价值理性约束资本本身，以避免资本本性的非理性膨胀和“资本逻辑”的无度扩张。但是，要发挥道德资本的两重性功能，就必须在资本运行过程中把道德从自在的状态转变为自为状态，这就需要在现实的经济活动中运作道德资本。具体而言，就是要在市场经济条件下把企业的经营管理活动和道德实践有机地结合起来，形成企业特有的伦理文化与核心竞争力。

（原以题为“八论道德资本——道德在何种意义上成为资本”载《道德与文明》2011 年第 6 期。收录本书有删节）

“帕累托佳境”即道德经济

改革开放以来，我国快速发展的经济举世瞩目，而作为世界第二大经济体，要实现最佳经济状态，并始终保持良好的经济发展态势，所谓的“帕累托佳境”及其所蕴涵的深刻的道德依据应该是确立我们当今经济理念的不可忽视的选项之一。

“帕累托佳境”是以提出这个概念的意大利经济学家维弗雷多·帕累托的名字命名的，他以优美的形式、严密的逻辑描述了经济效率和收入分配最佳境况。“帕累托佳境”亦称“帕累托最优”“帕累托最优状况”“帕累托优态”“帕累托效率”，是指资源分配的一种状态，即在可分配资源和享受资源人数既定的情况下，从一种分配状态转换到另一种分配状态，在不使任何人境况变坏的前提下，不可能再使某些人的处境变好。与之相关的是“帕累托改进”，亦称“帕累托改善”，是指一种变化，在没有使任何人境况变坏的前提下，使得至少一个人变得更好。“帕累托佳境”和“帕累托改进”逻辑关联是若离若即，即实现“帕累托佳境”就意味着不可能再有“帕累托改进”的余地；而“帕累托改进”又是达到“帕累托佳境”的路径和方法。因此，我认为这“帕累托改进”也应当属于“帕累托佳境”范畴。“帕累托佳境当然是一种经济学和效率原则。它所揭示的是当一种经济实现帕累托佳境时，各种社会资源的利用和财富的分配都达到了一个均衡的状态，没有过剩也没有不及，因而效率是最高的，社会福利得到了最大的实现。但是，帕累托佳境并非只靠经济学的原则就能够实现，其中也蕴涵着一些基本的道德精神，或者说，只有在一定的社会道德原则能够得以贯彻践行的前提下，帕累托佳境才是可能达到的”（唐凯麟语）。因此，“帕累托佳境”在一定意义上就是道德经济佳境，也是最能说明经济内涵道德的典型思维模式。事实上，“真正的经济”是内涵道德的经济，完整意义上的表述应该是道德佳境下的经济才是“真正的经济”。

可以说，离开了道德，任何经济将不可能实现最佳境况，甚至会形成带根本性的“短板”经济。大凡发展停滞甚或受挫的经济，其重要原因之一是经营活动中忽视甚或缺少道德，若干年来，一些企业甚至是有的百年老字号，顷刻间信誉扫地，岌岌可危，有的倒闭不起，这与失去信誉、造成道德的根本性“短板”是分不开的。所以，道德是实现“帕累托佳境”的重要依据和条件。具体说来，其一，“帕累托佳境”就是经济公平佳境。资源分配要实现帕累托佳境，其手段和目的都必须是公平的，否则就谈不上资源最佳配置，更谈不上人与人之间的平等。至于所谓的“帕累托改进”，其目的就是让资源作最优最合适的分配。这里的“最优最合适”指的就是尊重人的劳动、关注和实现人的应有利益、资源实现没有浪费没有偏差的分配。并且，资源的最优配置是通过市场交换来实现的，公平交易才能实现效用的最大化，否则就会造成生产与贡献的偏离，减弱人们对下一轮生产的积极性，减少生产性资源的投入，客观上就会减少社会财富的创造，这样就丧失了实现“帕累托佳境”的基础，更谈不上实现“帕累托佳境”。其二，“帕累托佳境”就是共创共赢的佳境。“帕累托佳境”既是资源分配状况，也蕴涵着资源实现的最好态势。而资源实现的最好态势取决于通过最优分配促使人们达到最优的生产劳动积极性，也取决于人们在社会生产劳动过程中的团结协作和奉献精神。在一定的市场机制下，竞争是资源配置尤其是生产资源配置过程中必然出现的状况，而且理性意义上的竞争有利于实现资源配置中的最佳状态和效益。因此，利益相关者只有共同携手努力，相互支持，相互促进，才能实现双赢或多赢。其三，"帕累托佳境"就是诚信佳境。资源分配总是一定的人按一定的规则分配，然而，包括资源存量、分配依据、分配方法和分配结果等资源分配的全部信息应该公开，这样可以大大降低交易费用，减少人们在经济活动中获取和辨识信息的费用、谈判和监督费用以及由于违约造成的种种成本，充分利用已有资源作最佳分配并发挥最佳效益。相反，如果一个社会欺诈成风，交易中尔虞我诈，人们不得不将大量的精力、时间和金钱用于相互防范和解决各种欺诈所造成的纠纷，由此造成大量资源不能用于生产性活动，也使社会丧失大量可以创造出来的财富。其四，"帕累托佳境"是劳动产品或经济成果充分人性化的"佳境"。劳动产品或经济成果都是人们生活和再生产的资源，这些生活和再生产的资源在多大程度上符合人性和社会需求，就能在多大程度上提升人们的生活和生产质量，也就能在多大程度上促进经济社会的发展。

（原载《中国社会科学报·哲学版·学者个人专栏》2013 年 12 月 9 日）

道德目的

“道德的目的是什么”，这是一个简单且复杂的问题。说简单，是因为这一问题是不是问题的问题，道德的目的在于道德有用，就是让人学会做人，获得更多效益。说复杂，是因为在如何理解有用、做什么样的人、效益又是在什么层面和角度上，众说纷纭，莫衷一是。

与理解道德目的相关的问题是“人类为什么需要道德”。这原本也是一个不难解答的问题。而且，回答清楚了这一问题也就回答了“道德的目的是什么”。然而，就这个问题历来也是公说、婆说不一样，且有的回答大相径庭。客观唯心主义者认为，先在于客观世界的精神决定人和人类社会的存在，道德也随之被决定。作为客观唯心主义的集大成者黑格尔的思想极具代表性，他认为，人类社会连同道德都是由绝对精神外化而来，道德作为人的自由意志的一个环节，它因人、人类而存在。在黑格尔看来，自由意志体现为抽象法、道德、伦理三个逐步递进的精神现象，其中道德是主观内心的法则，是自我生存的应当的规定，因此，道德因人的存在而存在（尽管黑格尔认为人的本质的绝对精神的真正体现在伦理）。进而言之，在黑格尔那里，道德目的是为了说明人和人的存在。主观唯心主义者（或理性主义者）普遍认为，道德决定于人们的“善良意志”，道德天生于人的“良心”。“人是目的”是康德的重要道德理念，在他看来，人之为人在于人是有理性的，即是说人是讲道德的，而且，人天生具有“善良意志”。因此，道德目的是要激发和说明体现为“善良意志”的道德。“人之初，性本善”是我国传统的主观道德论理念，既然这样，那么，道德目的就是要开发人们的善心，让人性得以真正体现。不管是唯心主义还是理性主义，它们都没能说明道德的终极目的应该是什么，而不能弄清终极目的的道德目的论始终只是没有根基的半拉子理论。一段时期以来，国外的基因决定道德论大概应该属于传统的天生道德论范畴。历来有一部分思想者，他们的道德目的观与以上观点相左，这些人以旧唯物主义者居多。他们认为,道德目的就是利益,有利则为德,甚至认为利即道德。这样一来,就可能出现道德目的本身不道德的现象。因为,只顾及利益,忽视或不顾及获得利益的手段道德与否,往往出现与道德背离的行动。

就我国理论界现实理念来看,我认为弄清楚道德的目的是什么很有必要。因为目前我国理论界仍然存在历史上两种截然对立的意见。有人说,道德的目的就是要提升人们的精神境界,成为自觉履行道德义务的人。这种说法没有错。但是,问题是,如何说明人们的精神境界是高的?自觉履行道德义务又是为了什么?还有人说,道德的目的就是获利,所谓利益是当今道德的代名词。这里的问题是,如何获利?利益如何享用?不能正确地回答这些问题,甚至唯利是图、享乐至上,利益将是缺德的代名词。事实上,不从经济社会的发展、人的素质的全面提高等等角度去考量,一定说不清人们的精神境界高与低和履行道德义务的是与否。如果坚持道德与获得更多利益无缘,强调所谓的"道德只能是人本的,不能是物本的",那所谓的伦理学家们会是虚伪的道德空谈家。当然,如果说道德就是为了获利,那就忽视了道德是促进人的完善和人际关系和谐的本质指向。

道德目的应该是精神目的和物质目的的统一。在马克思主义看来，道德目的就是要“使人的世界和人的关系回归于人自身”。尽管这是经典作家讲的社会主义高级阶段和共产主义的道德目的，但适用于现在对道德目的的深刻理解和把握。所谓把“人的世界”回归于人自身所蕴含之意是指社会成员应该具有崇高的精神境界；在完美的社会中，“个人的独创的和自由的发展不再是一句空话”；“与人相称的地位”，即“每个人都能自由地发展他的人的本性”，过着“能满足一切生活条件和生活需要的真正的人的生活”；劳动已经不仅仅是谋生的手段，而且成了生活的第一需要。从某种意义上说，回归人的世界就是回归人的关系，因为人的世界是由人、人的关系组成的。所以“人始终是这一切实体性东西的本质”(《马克思恩格斯全集》第 3 卷，2002)，人是关系性的范畴，因此，把“人的世界回归于人自身”就意味着必然地要求把“人的关系”即人的和谐关系回归于人自身。道德目的在这里的侧重点是强调人的完善和人际关系的和谐，侧重人的智慧与精神内涵。但是，从宏观和严格意义上来说，马克思主义的道德目的观强调人的完善和人际关系的和谐，这就是体现为精神利益与物质利益统一的道德目的观。

再进一步，强调人的完善和人际关系的和谐，其终极目的是在于经济社会的发展。而且，事实上，评价人们的道德觉悟，除了对人的完善和人际关系和谐的考量外，更重要的是要考量道德在促进经济社会发展中的终极性作用和效益。这也是道德存在的理由和依据。

（原载《中国社会科学报·哲学版·学者个人专栏》2013 年 12 月 23 日）

道德促进获利与道德物化不可混同

在我发表系列经济伦理学研究成果并极力主张道德有帮助企业获利的作用以来，有学者提出质疑，认为道德可以促进获利是否主张道德物化，我的回答是否定的。前者和后者具有明显的区别，即强调道德的指导和约束作用与道德可以转变为具体物质的想法完全不是一回事。

其实，道德物化即道德物质化是伪概念。就现今自然科学的基本理念来说，物质一词没有明确定义，而且，学科不一样尤其是自然科学和社会科学可以有不同的指称和表述，这里的“道德物质化”之“物质”是指由分子、原子、电子、离子等最基本的微粒构成，也即都是由化学物质组成的混合物。这样一来。道德物质化即作为精神现象的道德可以转变为物质是在科学上不可能的事情，因为，道德作为精神现象永远不可能具有化学作用的功能。再说，物质总是以一定的物态存在着，而且客观世界物质是千姿百态的，大到星球宇宙，小到分子、原子、电子等微粒子，存在形态各异，就是归结为日常所知的它们的固态、液态和气态三种“物态”，这都不可能由道德直接转变而来。就是作为物质存在的可入性的“场”，与道德更是风马牛不相及。因此，道德物化不可能，道德作为物之物不存在。

至于我们日常所说的包括道德精神在内的精神变物质，只是指精神“外化”（影响物质的形态和特征等）于物质之中，或指通过道德精神的指导或约束，使其“外化”为具有一定道德性的物质等。例如，紫砂茶杯（壶）由紫砂泥（土）做成，从紫砂泥（土）制成紫砂茶杯（壶）的全过程，其原料和成品之质料不可能有道德转变而来的成分，而紫砂茶杯（壶）的形状、特征和质量等在多大程度上符合人性需求和社会要求，以及它的实用性和耐用性如何，这往往在很大程度上取决于制造者关注用户需求和对用户负责的道德理念。同时，某一种紫砂茶杯（壶）在市场上获得多高的市场占有率，也往往取决于内涵的道德精神或道德精神的外化程度。

因此，道德促进企业获利的作用是指通过道德的引导或约束，能够帮助企业获得更多的利益或利润，决不是指道德物化。其实，我所提出和论证的“道德资本”概念，一是指制造一种或一类好产品，需要考虑并符合人性和社会需求，这种(类)道德性产品将会赢得市场并不断扩大市场占有率。二是指生产管理和利益相关者关系协调过程中需要坚持人本化即道德化举措，唯有道德化举措才能减少甚至消除因信息封锁、利益倾轧等造成的摩擦消耗；唯有道德化举措才能充分调动企业职工的劳动积极性，并减少单位产品的个别劳动时间，即减少产品成本。三是指在销售产品过程中，销售承诺兑现的诚信度高，就会赢得顾客的信任，从而在扩大市场占有率的同时，将会加快产品的销售速度和资金流转速度。以上说明道德进入并引导生产和销售过程是获取更多利润的重要依据和条件。当然，要指出的是，道德在企业生产和产品销售过程中，除了正面引导作用外，对企业经营者不当行为也能起到约束作用，这能保证企业在生产和销售过程中不出现缺德行为，更不至于衰败或倒闭，这是企业获利的前提条件。同时,我所提出和论证的"道德生产力"概念,也并不是说道德就是物质的生产力,而是指道德是生产力要素中的精神要素,是精神生产力。按照马克思的观点,机器是死的生产力,离开了作为主观生产力的精神生产力对机器的激活,劳动生产力就不能成立。这就是说,虽然生产力的标志是物质的,但是,没有劳动者的精神境界尤其是道德觉悟的不断提升,不仅影响劳动者的崇高价值取向和劳动积极性,也影响到对作为生产力主要标志的劳动工具(机器)的认识、改造和利用,影响到对资源的开发和利用的生态意识。为此,提高生产力水平意味着必须提高劳动者的道德觉悟,并进而影响生产力各要素的最佳存在和作用的最完美发挥。

道德视角下的“囚徒困境”博弈论

由囚徒困境及其引申出的非合作博弈均衡理论，左右着人们对经济活动的理解和认知以及学界对经济活动本质的思考。其实，离开了必要的道德研判，它就是一个存在一定逻辑问题的虚构故事，无助于人们参与正常的经济活动或开展理性的经济竞争与合作。

“囚徒困境”，其原文为 the Prisoner's Dilemma，又译为“囚犯的两难困难”“囚犯难题”等。这是大约在1950 年首先由社会心理学家梅里尔・M. 弗勒德(Merril M. Flood)和经济学家梅尔文・德雷希尔(Melvin Dresher)提出相关困境理论，后来由顾问艾伯特・W. 塔克(Albert W. Tucker)明确地叙述了这种“困境”，并命名为“囚徒困境”。而后约翰・F. 纳什(John・F. Nash)

有两篇关于非合作博弈均衡（纳什均衡）的重要文章分别发表于1950年和1951年。塔克的这项工作同纳什的著作一起被认为基本上奠定了现代非合作博弈论的基石。因此，囚徒困境的重要性自然不言而喻。（参阅李伯聪、李军：《关于囚徒困境的几个问题》，1996年）

囚徒困境作为博弈论中的一个经典范例，渐渐为经济学、哲学、伦理学和管理学等诸多学科的研究所重视，一些学者把囚徒困境之博弈理论视作理解和指导当代经济活动的重要理论依据，更有甚者把它作为企业竞争中必须考量和选择的博弈“圣典”。冷静地审视这一学术案例，其基本研究理路对于启发人们深入研究相关经济现象具有特殊的意义。但是，经济学领域近年来热衷于囚徒困境的博弈理论研究的有些研究者，思想偏颇，似乎唯有这一理论才能说明经济领域的竞争态势并确立可行的战略战术思路。故有人搞经济理论研究言必称“囚徒困境”，甚至认为，经济学研究者如果不涉及该理论，就无异于是徘徊在真正的学术殿堂大门之外的“门外汉”，无法进行真正的、高水平的学术对话。其实，在经济伦理的视阈下，囚徒困境的博弈理论是极具功利色彩的、信息极不对称的、非合作性的处于“生人圈”之中的经济竞争理论。

因此，唯有对其局限性加以揭示，并厘清其适用范围，还囚徒困境的博弈理论以本来面目，才能使我们能够最大程度利用囚徒困境的博弈理论来进行经济理论及其相关理论研究，开辟囚徒困境的博弈理论以往所未涉足的理论“空场”，并为走出囚徒困境的道德理路指明方向。

那么，“囚徒困境”与“纳什均衡”指的是什么呢？

囚徒困境的故事讲的是两个具有犯罪嫌疑的囚犯甲、乙，被警察分别关在了两个隔离的房间中，警察对这两个囚犯进行分别的审讯。在审讯中，警察向他们分别提供了三个选项，并让他们做出选择：第一，若他们中的一个坦白了事实真相，那么坦白的将无罪释放，而没坦白的将被判 10 年刑；第二，若他们都坦白了，那么他们都将被判 5 年的刑；第三，若他们都不坦白，那么他们都将判 1 年的刑。假设充分保障囚犯的决策权，让他们选择对自己最有利的行为方式，结果发现他们都坦白了事实的真相，于是都被判了 5 年的刑。

很显然，这对两个囚犯来说并不是最佳的选择，于是构成了所谓的“囚徒困境”，即两个囚犯都试图选择对自己最有利的行为方式，结果却发现陷入了对双方不利的境遇。为什么会导致如此的结果呢？该故事假定两个囚犯本性利己，他们的选择都会把个人利益的最大化作为目标，都会通过严密的利己逻辑推理去追求一个对己的最佳点，即“纳什均衡点”(故事中两个囚犯由于无法串供，因此，他们都只是选择对自己最有利的坦白的策略，并因此被判5年，这样的情节和结局被称为“纳什均衡”，也称作非合作博弈均衡)。

作为囚徒甲，他的推理如下：假如我选择坦白，那么乙要是不坦白，我将无罪释放，即使他坦白，我也只会被判5年刑；假如我选择不坦白，那么乙要是坦白，我将被判10年刑，即使乙不坦白，我只被判1年刑。因此，我不会去冒被判10年刑的风险而去选择不坦白。也就是说选择坦白对“我”是最佳的。同理，囚徒乙也会做出同样的推理。

由此不难看出，囚徒甲、乙的推理就个人而言是合理的，且是他们各自的最佳选择，这样的选择使两个囚犯陷入了困境。

其实，囚徒困境存在着明显的道德局限。尽管人们对囚徒困境故事耳熟能详，尽管囚徒困境故事在经济学等相关学科理论中都被引为经典性的事例，但是，仔细加以考量的话，不难看出，囚徒困境故事因是虚构的情节，它存在明显的道德“漏洞”，而这些“漏洞”恰恰是囚徒困境的局限性之所在。

故事情节中主张纯粹功利或绝对自利，缺乏道德的正向激励行为。将一切以“可能的结果”作为犯罪嫌疑人坦白与否的依据。按理，故事情节应该从法律和道德角度支持和鼓励坦白，然而，故事始终没有涉及该不该坦白的问题，虽然故事表面上是主张犯罪嫌疑人坦白，但其情节的构思是想要说明坦白与否是一场自私考量的博弈，犯罪嫌疑人在博弈中选择了符合“私利”的坦白。

故事情节中警察对嫌疑人的审讯缺乏法律依据和法律支持。该情节不管在哪个国度和地区，都会认为分开审讯嫌疑人是对的，这是审讯中技术层面的内容。但是，在没有弄清楚案情时就确定某种态度下的刑期，显然是不合法律程序的。同时，按故事情节来看，警察是掌握了嫌疑人的犯罪事实的，因为不管嫌疑人交代态度如何都得（或至少有一人）判刑。然而，嫌疑人都坦白各判服刑5年，都抵赖各判服刑1年，其中一个坦白而另一个抵赖，坦白的可无罪释放，抵赖的判服刑10年。这一推理也没有法律依据，甚至存在着严重的逻辑错误，两者都坦白和两者都抵赖服刑年限倒错，一个坦白而另一个抵赖的服刑年限与两者都坦白或都抵赖有严重不一致。因此,故事情节中的博弈是缺乏必要的道德理性意义上的博弈,实际上非常近似于冒险性的赌博。

故事情节中缺乏任何信任或思想可以转变的意识。囚徒双方都把对方看成是同样的绝对的自私自利者,所以,谁也不愿意承担责任或冒险抵赖。在这个故事里,且不说警察行为有诱导人们趋向功利之意味,两个嫌疑人的举动没有体现博弈中有道德和博弈中应该讲道德的理念。所以,囚徒困境故事除了主张赌博式的盲目博弈,并企图以这种苍白的哲理来启发人们的行为主张,别无他物。基于此,我们可以得出结论,囚徒困境的假设本身存在显而易见的内在矛盾和问题。

因此,“囚徒困境”博弈思想难以成为经济博弈的不二选择。不过,即便如此,囚徒困境博弈论客观上给我们理解经济活动带来不可忽视的道德启迪。

囚徒困境中的均衡理念,尽管是一种假设,但是,在激烈的经济竞争过程中,避免为争取最好但可能遭致最冒险的最坏的结果,去争取尽管不是最好但可以是最妥当的结局,不失为一种有意义的均衡。不过,在现实的经济活动中,没有必要把经济竞争设置得如此的信息不对称以致如此复杂。在经济竞争中，绝对的信息不对称或绝对的“老死不相往来”都是绝少的，因此，确认经济行动方案之时，均衡理念最多只是其中的选项之一，而“帕累托最优”、互信基础上的互利双赢或多赢等理念应该成为弥补前述均衡理念不足的更加具有说服力的不可或缺的常见选项。

囚徒困境是在信息不对称情况下的博弈，博弈者只关注自己的利益，所谓唯利是图，“唯我独尊”。在经济领域的竞争各方不仅不相信任何利益相关者，甚至完全把竞争者当成敌人，这会使任何一方博弈者失去在愿意合作情况下的许多商业资源。同时，很可能导致没有经济信息交换的竞争磨擦，造成无谓的资源消耗和浪费。这不仅影响经济活动的良性有序的运转，损害企业的经济效益，更可能影响人的情绪、伤害人们的感情。唯一可能的良性状态是，竞争者为了在信息不对称的情况下获得成功，会努力自身奋进，积累能量，发展自身，开拓市场。同时，应该具备“经济人”和“道德人”相统一的理念，一味的闭锁信息，自己也得不到应该得到的信息，唯有尽可能地信息共享，才可能实现更好的竞争效益。

囚徒困境实际上是建立在非合作性基础上的恶性竞

争，即只要对我有利，不管别人的利益甚或死活，这是对经济领域中某些极端行为的一种抽象。其实，无合作的绝对的竞争在现代社会是不存在的，囚徒困境所设置的非合作的竞争也不是普遍现象。因此，这种非合作的竞争绝不能够代表一种积极健康、理性社会的主流。不过，它提醒人们，在经济领域，绝对的不合作将是自我封闭、自我孤立，吃亏的是自己。做一些虽于己无利但也于己无害的合作行为，总比绝对的不合作要好（事实上，从宏观和长远意义上来说，只要合作就会有“赢”）。几百年前，甚至连亚当·斯密的“看不见的手”的理念也告诉我们，彻底的功利主义者，尽管他不情愿为他人提供（合作）帮助，但是，他事实上不得不为他人或竞争对手付出虽不愿意付出的付出。所以，经济竞争中的不合作行为是不道德现象。

综上所述，现代经济学中的囚徒困境博弈理论尽管有其价值，但是，由于在此语境中的囚徒困境及纳什均衡是“伦理无涉的”（non-ethical），与实际的现实（经济）生活不相契合，也不相一致。换言之，置换囚徒困境的语境，把它从人为的“道德缺席”的囚徒困境中拉回到经济伦理学的语境中来，不仅是走出囚徒困境的必要途径，而且是合理诊断和把握现实经济世界的正确理路。

事实上，我们把道德视角引入博弈论，不仅重视道德的外在工具价值而且更注重其内在理性价值。因此，我们理解和主张的博弈应该是道德性博弈，经济博弈应该是道德引领下的经济博弈。所以，博弈论的均衡理论应该与伦理学理论实现应有的联姻，实现道德与博弈之间的必要的"平衡"，达到道德性的博弈与均衡之境界，即实现道德性博弈和道德性均衡。

（原以题为"经济道德观视阈中的'囚徒困境'博弈论批判"载《江苏社会科学》2009 年第 1 期，《新华文摘》2009 年第 8 期、《伦理学》2009 年第 4 期分别全文转载。收录本书有删节）

道德风险及其规避

道德与风险组词似乎不可思议,但道德风险一词已经在学界的理论话语中存在,甚至在人们的日常话语中开始流传。因此,清晰地认识这一概念及其社会现象很有必要。否则,一旦道德风险真正来了,我们将会避之不及。

道德风险是20世纪80年代由国外经济学学者提出的一个经济哲学概念,主要是指在经济活动中不讲道德、损人利己的危险行为。从目前我国已有的研究成果看,道德风险一词主要出现在金融学和经济学领域,不过,对其解释存在一定的偏差:要么过于宽泛地把经济风险理解为道德风险,要么过于狭窄地把道德风险仅仅理解为经济行为中的道德缺失,甚至有的把可能出现的社会道德问题与道德风险相等同，等等。其实，道德风险有其自身特定的内涵，它应该是指在人们的生产和生活行为中潜藏着的并可能出现的与道德有关的危险境况。这里的“与道德有关”可以理解为与“道德的行为”或“不道德的行为”有关，从这一意义上说，道德风险之“道德”是中性词。

那么，道德风险概念到底是指讲道德或不讲道德有风险，还是指经济社会发展中的风险涉及道德的存在和发展？我认为，前后两种含义都可以理解，但主要应当理解为前者。尽管目前道德风险一词在我国学界还没有得到广泛应用，在一些学科领域尚未得到关注，但是，从学理上厘清这一概念，既有助于完善相关学科理念，同时，也有利于提醒人们关注或解决一些客观存在的社会道德风险问题，以促进社会的和谐发展。

讲道德有风险吗？按理，讲道德是不会有风险的，但是，在社会运行制度和运行机制不完善的社会状况中，讲道德吃亏、受损是常有的事。改革开放以来，建立和完善社会主义市场经济体制的过程中，一些制度和机制尚不完善，在这种情况下，讲道德者不一定能获得良好效果。比如说，在“人情社会”中，老实人、诚实人往往吃亏，能拉关系、钻空子的往往大占便宜。于是乎，诚实劳动、道德经营的人赚不到钱，甚至要亏本，而奸商往往靠所谓人脉关系、实施不正当竞争而赚取更多的钱财。那种“讲道德就不要做赚钱的买卖”“要赚钱就不问道德是什么”的论调，就是商品经济、市场经济运行机制不完善状态下出现的危险境况。所以，讲道德有风险，不是指讲道德本身带来的风险，而是在经济社会运行机制不完善的情况下给讲道德者带来了不公平的结果。同时，不讲道德一定有风险吗？按理，不讲道德也形成不了风险，因为，不讲道德的行为得不到人们的认可，因而也就没有立足和生存的空间。但问题在于，如果在社会发展的一定阶段，出现了制度缺陷或人性扭曲的时候，不讲道德的行为就不会被有效阻止，就会对他人和社会形成风险。而且，一般情况下，行为者不讲道德是不会预先公告的，且一定是隐秘的，因此，这样的不讲道德的行为的危险性更大。

形成道德风险的原因是复杂的，主要原因首先在于利益至上主义。利益至上主义者，把自己的私利看得高于一切，甚至不惜损伤他人和社会利益而获取一己私利。在这一理念支配下，道德风险会接踵而来。近年来我国食品安全问题、生产安全问题频发，正是私利膨胀而导致的道德风险。其次在于社会生产或生活信息的不对称。因为信息了解和掌握的不对称，使得一些投机分子要么钻法律的空子，违法行事；要么利用信息优势，欺诈垄断，损人利己；要么发布虚假信息，以讹传讹，抬高自己，贬低同行；要么误导消费者，造成生产生活资料配置出现畸形状态，等等。再就是文化发展落后于经济的发展，以致道德觉悟不尽理想。由于当前我国国民的整体文化水平暂时跟不上经济发展的速度，影响了人们对现代道德理念的理解和把握，再加上道德教育缺乏更多有效方法和手段，没有把道德教育当作系统工程来研究和把握，往往是头痛医头，脚痛医脚，顾此失彼，甚至忙于"救火"。尤其是道德普及工作落后于经济的发展，以致道德普及率不高，使得人们的道德辨别力和善德接受力不太理想，对腐朽没落道德以及缺德行为的抵制力有时表现得比较弱，甚至有的人缺乏基本的羞耻心。要减少或减弱道德风险，以上原因应该引起我们的足够重视。

当前避免道德风险的策略之一是加快经济和文化的发展。一个文化水平和道德觉悟不高的社会，产生道德风险的机会会更多，抵制道德风险的力量会更弱。而经济发展速度快了，不仅仅是增加了社会财富，更在于能加快文化发展的速度，加快人们思想的解放和道德觉悟的提高。策略之二是要实现道德制度化和制度道德化。避免道德风险不仅仅靠教育，在现有复杂社会条件下，即在人们的文化水平和道德觉悟还不足以有效排除社会道德风险的情况下，更应该加强制度尤其是法制建设，把人们的生产生活行为限制在科学的制度框架下，由制度来限制和铲除产生道德风险的条件。然而，科学的制度需要道德引导和参与，唯有道德制度化和制度道德化才能将道德风险降低到最低限度。策略之三是加强道德教育活动。一个漠视或不懂道德和道德作用的社会一定是落后的社会，也是危险和可怕的社会。因此，道德教育非常重要，当务之急是要像普及法律一样来普及道德，让全体国民认识道德，信仰道德，实践道德，以此遏制道德风险的形成。

（原载《中国社会科学报・哲学版・学者个人专栏》2013 年 11 月 25 日）

消费也有个道德问题

消费是人类生产和生活的主要内容之一。没有消费就没有生产，没有消费就没有人本身的存在，更谈不上发展。大体说来，消费有物质消费和精神文化消费，两者既相互独立又相互缊含。其相互蕴含体现于以下两点：物质消费指对有形物品的消耗，在消耗有形物品的同时也在消耗着有形物品中的文化内容，诸如中秋吃月饼、驾驶一定品牌的轿车、依托一定的运动器材进行体育锻炼等等。精神文化消费指通过一定文化载体的表现而使得一定的消费主体获得精神需要上的享受和满足，诸如看戏曲、看电影、看电视、听广播、读书、写文章等等，其间也消耗承载文化消费品的物质载体等等。其实，诸如一些休闲娱乐活动、食品展销活动等是物质消费和精神消费同时进行的消费。因此，就总体意义上来说，人类的生产和生活消费行为是物质消费和精神消费的统一体。而物质消费和精神消费的内容以及两者相互之间的比例关系表征着时代的进步程度和生产力发展水平，反映了人们的物质与精神文化生活的丰富程度。

同时，就消费主体来说，他可以是个人，也可以是单位或群体等等。表面上看，消费表现为消费主体的物质产品和精神产品的消耗，但其实不只是消耗，就其本质意义上来说，消费是人类生存发展的基本生活方式和内容，它可以起到对人性、人心和人际关系的肯定和完善的作用。同时，消费更是消费主体的物质和精神再生产、人类再生产的投入或投资。这就是马克思反复强调的“消费生产着生产”“消费的需要决定着生产”的道理。

就消费的理想状态而言，消费是社会、生产和生活及其发展过程的必不可少的重要环节，是消费行为之应当或应该的体现。而现实中的消费体现为这样的本真意义上的消费，那就是道德消费。道德消费即道德性消费，它是符合经济、社会、生活发展要求并体现为应该的消费，因此，道德消费就是负责任的消费。这种负责任的消费行为，它能充分利用资源并在消耗资源中产生最大效益，诸如身体健康、身心愉悦、理念进步、能力提高等等；它能公正合理地利用资源，并公正地受益于利益相关者，促进人际关系的和谐，以实现人际优势互补、精诚合作的最大效益；它能最大限度地保护生态，为经济社会的可持续发展创造条件。事实上，和谐人际下的消费，它必然会自觉关照和顾及到对于自然、社会的生态要求，消费的结果将有益于生态状况下的方方面面；它能引导人们节俭，排除奢侈、无效的消耗，排除虽有近效但有损远效或大效的消费，并立足于发展性的高效能的消费而尽量防止短视性、掠夺性消费。

既然消费是经济社会发展的重要环节，消费的理性问题不仅仅是消费者个人的事情，也是生产和销售消费品的企业的事情。尤其是生产性企业在社会消费活动中，它既是消费品的生产者，也是消费者。因为企业生产消费品的过程也是消耗资源的过程，它是一个特殊的消费者。企业的道德性消费，不仅促进企业员工的素质的全面提高，而且能促进协调各种利益相关者的关系，节约应该节约的资源，充分发挥各种资源的功能和作用，为科学发展提供企业特有的“道德资本”。反之，企业消费异化，必然导致企业的畸形发展，甚至正常的经济活动将会遭到破坏，由此而导致企业的倒闭也时有发生。此类案例不胜枚举。比如：三鹿奶粉事件就是企业和事件当事人消费道德缺失造成的。三鹿企业严重缺乏消费者是企业生存和发展源泉的观念，既丧失了消费品被消费就是再投入或再投资的科学理念，又丧失了起码的对用户负责的道德精神，可以毫不隐讳地说，企业经营的“道德链条”断裂之时，就是灭顶之灾到来之日。

当然，需要指出的是，过分节俭或守财奴式的消费理念在今天需要反思，事实上，在一定程度上它就是一种滞后消费，而滞后消费既是对该有的消费性投入而没有投入的消耗性物质在时间、空间和内容上的损耗，也是对该有的消费性投入而没有投入的消耗性精神文化品的作用的丧失。换句话说，一方面消费品闲置，另一方面消费主体得不到应有的生存和发展的消费品，这势必不仅影响经济社会的发展，而且损害人们本来可以达到的生活质量。因此，要引导消费，鼓励积极理性的消费。尤其是在世界出现金融危机、货币和经济缩水的情况下，扩大再生产非常重要，而这十分需要推动消费该消费的东西，以推动经济社会的发展。这既体现我们的境界，也体现真正的人的本质。因此，消费是一种精神、一种觉悟。正是在这个意义上，今天，我们党和政府推行的“拉动内需”或“刺激消费”等政策措施，从其出发点来讲，都是想达到一种理性消费或道德消费的境界。

就目前情况来看，要达到道德消费的理想水平，必须遵循以下原则。

与消费能力相等。消费能力包括消费物质能力和消费精神能力。“超能力”的消费，不是投入或投资，而是对“再生产”和“发展”的阻碍或破坏。“弱能力”的消费，不是节俭，而是滞后消费，不利于“再生产”和“发展”。节俭作为美德应该是不“超能力”消费，不铺张浪费。尤其是在物质和精神财富还不能充分满足人们需求甚至还匮乏的情况下，节俭更是有利于有限的消耗品在时空均衡和受益合理的情况下产生更好的效益。至于诸如学校教育、医疗卫生等公共消费的节俭是需要的，但是，公共消费的节俭是为了更理性更符合“应当”的消费。

与生态要求一致。生态要求包括社会生态和自然生态要求。消费毕竟是对物质和精神文化的消耗，消耗中既要考虑到社会成员共同需求的满足，也要考虑到消耗中的利益的公正性和社会发展的可持续性；既要考虑到自然的生态性存在，也要考虑到人类对未来自然生态的依赖;既要考虑到当代人的消费需要,也要考虑到后代人的利益,决不能“吃子孙饭,断子孙路”。

与风俗习惯协调。消费内容和消费方式不可能是随心所欲的。特定的地区或特定的人群对消费内容和消费方式有一定的特殊要求,消费要符合社会认同标准和社会生活习惯。同时,奢侈的消费,甚或伤风败俗的消费是异化消费,这会给“再生产”造成麻烦。我们主张健康、绿色的消费,唯此才能使消费行为真正回归人的消费和实现真正为人的消费,也才能使这样的消费行为真正成为经济社会发展的投入或投资。

与经济社会发展趋势相一致。消费既然是投入或投资,那么消费行为时刻要与经济社会发展要求相符。尤其是“无用的拥有”和“无用的消耗”,它不能发挥消费功能并产生价值。因此,道德消费是经济社会发展的动力源,它时刻要考虑任何一种消费行为的积极意义和对物质和精神文化消费的价值。

(原载《光明日报》2010 年 6 月 1 日版,《新华文摘》2010 年第 15 期全文转载)

更要关注“道德气候”

“道德气候”是指一定社会条件下的道德态势。它至少可以从以下几方面来说明，一是人们的道德觉悟程度，二是社会的道德风尚状态，三是道德发展前景。

就我国若干年来的道德气候来说，学界一直存在着道德滑坡还是道德爬坡之争。道德滑坡论者往往历数社会上的各种不道德现象，认为社会道德世风日下，道德堕落日益严重。有的甚至认为经济发展与道德堕落是社会发展的必然趋势。更有甚者，认为经济发展需要以牺牲道德为代价。道德爬坡论者认为，道德作为社会意识形态，作为人们的精神境界，它必定随着经济社会的发展而发展，发展的经济与落后的道德并存只能是暂时现象，就社会发展的总趋势来说，经济上发展了，道德必然进步。

其实，滑坡论者是一叶障目，不见森林，或者是以点盖面，忽视了大局。当然爬坡论者应该避免只是赞赏道德气候的莺歌燕舞和看不到道德堕落的一面，以便有切实的对策来应对。

我国若干年来尤其是改革开放以来，社会道德的总趋势是在不断进步的。这主要体现在以下几个方面：一是道德观念在不断更新，德治理念在逐步深入人心。我国改革开放以来，尤其是建设社会主义市场经济以来，人们的主体意识、和谐关系意识、理性竞争意识在不断加强。同时，人们在实践中深刻体会到道德的不可缺失。大凡有道德理念渗透其中的产品更受人欢迎，大凡有道德理念渗透其中的经济制度，更显科学和高效。尤其是以人为本的道德管理已经成为当今经济社会管理的重要理念，影响着整个社会的发展进程。二是人们的道德的资源或资产意识、道德的功能意识在不断加强。随着市场经济运行机制的不断完善，道德不仅影响着企业或经济活动的发展方向，而且道德明显影响经济的效益和发展速度，有时在很大程度上制约着企业或经济建设的速度和效益。事实上人们已经将道德作为工具理性和价值理性，自觉让其渗透在生产和生活的各个环节，发挥着独特的经济增殖作用。三是社会道德风尚在不断改善。无偿救灾、拾金不昧、助人为乐等已经成为良好的社会风气，尤其是社会慈善活动已经成为影响巨大的道德风景线。四是道德榜样的示范作用在明显增强。近年来，全国道德模范评选受到全国人民的关注，道德模范的可敬佩、可亲近、可学习的行为，感动和影响着当代人的道德理念和道德习惯。人们都在赞赏和接纳道德模范，并主动宣传和发扬道德模范的精神，这是最明显的道德进步。五是道德环境建设成就卓著。从硬环境上来看，城市公共交通工具优先、盲人道逐步连成片、新建筑物都配置无障碍通道、人性化的生活设施越来越多等；从软环境上来看，很多城市建立快速反应机制、社会治理制度日益人性化等。这些都说明社会公德观念在渗透和影响着人们的生产和生活。

不可否认的是，改革开放也让西方社会所谓的自由主义、个人主义、拜金主义等等的道德理念渗透到我们的社会生活中，腐蚀我们的社会有机体，影响甚至破坏经济生态、政治生态、文化生态等等。诸如有的商人的确成了奸商，唯利是图，坑蒙拐骗，无恶不作，危害极大。例如苏丹红、有色馒头、毒奶粉等在影响人们身体健康的同时还影响了社会的稳定与和谐;有的人跑官、要官、买官、卖官,将商业习气搬到官场,影响官德的正常发展。更有甚者,有的官员利用手中权力,贪赃枉法,鱼肉百姓,大大削弱了道德在社会上的影响力和作用力;有的热心于低俗文化,价值取向庸俗而又浑浊,造成近视的生活目标和颓废的生活方式;还有的人与人交往缺乏诚信,丧失生产和生活中的人脉资源,要么成孤家寡人,要么造成缺乏信用的社会。诸如此类,说明社会道德堕落在一定范围内或在一定的生活领域还比较严重。但无论如何这不是社会道德的主流。不过,这像社会毒瘤,如不加以控制或扼制,将危及社会正常生活。

社会上不道德现象的形成是诸多原因所造成的,主要有以下几方面:一是文化发展滞后于经济发展,人们的文化水准适应不了快速发展的经济社会的发展,影响了人们的道德辨别力。尤其是当人们对于社会主义核心价值观还处在一知半解甚至知之甚少的情况下,善恶不分,良莠不分,没有崇高道德追求将成为低迷甚至落后的道德气候。二是社会运行制度以及社会运行机制的不完善会使腐朽没落道德沉渣泛起。道德是靠通过教育和实践来逐步提高人们的觉悟的,但教育不是万能的,道德觉悟也不是自然地提升的，尤其是在现阶段，由于社会运行制度的缺陷，难以通过良好的制度和合理的运行机制来规范人们的行为，并进而养成人们的道德习惯，改善社会道德风尚。三是物欲横行且没有展开有效的约束或限制，往往造成唯利是图的社会风气，甚至不惜牺牲他人和社会利益来实现个人的私利。这样的道德气候会影响甚至阻碍社会道德的进步。四是有的地方政府及其官员往往把道德建设作为软任务放在可抓可不抓的地位，导致以道德力为核心的经济社会发展软实力的低、弱，等等。

当前要改善道德气候，必须努力关注和落实以下几点。一是各级党和政府以及官员应该首先成为学习和践行社会主义道德的先行者。要在真正学通弄懂马克思主义道德观的基础上，深刻理解社会主义核心价值观，在真正知道何为道德的基础上，勤于道德实践，不断提升道德觉悟。各级党和政府以及官员的道德面貌是社会道德的风向标，也是老百姓树立道德信心的重要前提，党德、官德不能改善和提升，道德建设永远是事倍功半的。因此，党德、官德是改善社会道德气候的钥匙。二是要清醒地认识到以道德力为核心内容的文化软实力是经济社会发展的不可或缺的精神动力，要像抓经济工作一样抓道德建设，唯此才能在经济社会发展过程中软实力和硬实力并进，也才能真正促进经济社会的完美发展。同时要将道德建设作为系统工程来抓，诸如理论的深入探究、道德行为规范全面而系统的揭示、道德实践体系的科学设计、道德环境的全面规划、道德约束机制的合理把握等等，都应该是整体推进道德建设的不可或缺的重要环节。三是要构建社会道德实践体系，让不同年龄段、不同社会生活领域等均具有有针对性的道德实践模式，并通过实践磨练，真正让道德成为人们的生活内容和生活方式。四是要狠抓道德环境建设，通过对道德的硬环境和软环境建设，真正让人们生活在浓郁的道德氛围中，时刻接受社会主义道德的熏陶。五是要着力改变社会风尚，大树特树社会主义道德模范，以与时代同步的道德偶像引领青少年确立正确的人生观和价值观，使之成为提升国家文化软实力的生力军。

（原载《中国社会科学报·哲学版·学者个人专栏》2013 年 12 月 16 日）

诚信价值指归

一个社会的和谐与发展的状况与程度往往取决于社会诚信。没有诚信的社会往往是人心不古、矛盾重重的社会，也是没有活力、没有希望的社会。

诚信既是经济社会和谐的平衡器，也是经济社会发展的动力源。

诚信是经济发展的核心竞争力。社会主义市场经济是竞争经济，竞争必须讲诚信，丧失诚信的经济行为，实质就是“经济自杀”行为。一方面，社会主义市场经济主张真正的高效的自由经济，然而，自由经济离开了诚信，就会成为尔虞我诈、互相拆台的经济，所谓的自由经济也不可能真正实现。同时，市场经济条件下的社会化大生产并非只是投入、产出、效益等纯物质的经济过程，而是内涵利益相关者之间合作的经济过程。利益相关者的任何一方或任何一个环节的诚信缺失，都会导致整个经济秩序的混乱，并带来经济发展的严重挫折。另一方面，诚信是企业无声无影的广告。企业讲诚信，必然会吸引更多的顾客，从而不断扩大市场占有率。可以说，大量中外企业以自身的繁荣或衰败为企业发展与诚信经营之间的此种关联提供了生动的实践例证。假如不讲诚信，即便是国际或国内知名品牌，只要在产品设计、生产、销售和服务中出现偷工减料、以次充好、夸大功能和空头承诺等失信问题，就会导致企业经营形象的毁损，并带来产品销量的下降和企业利润的减少，更可能因此葬送企业的前途。再一方面，诚信是降低经济交易费用的重要路径。经济的发展与交易的内容、品种和频率有着十分密切的正向关系，可以说，交易的内容或品种越多，交易的频率越高，产生的效益也就越好。然而，经济交易的内容或品种越多，交易的频率越高，越是要求诚信交易。因为，交易中的利益相关者都想获取更多的利润，如果缺乏基本的信任，交易各方往往互相封锁应予公开的经济信息，从而使信息获取过程耗费了大量原本可以节约的精力和资源。更有甚者，经济主体为了自身的利益不惜破坏正常的经济信息渠道，或窃取经济信息，或制造虚假信息，此类不诚信的行为会造成更多的“摩擦消耗”，并进而影响经济效益和经济发展速度。事实上，如果交易各方以诚相待，不仅可以减少许多无谓的消耗，而且能够形成诚信的投资环境，更好地吸纳各种经济资源。

诚信是民主政治建设的基础和根本。一方面，民主政治建设说到底就是以民为本，取信于民。要取信于民，那首先应该诚信于民。一是要真诚地想民之所想，急民之所急，真诚地为民众多做事，做好事。尤其要多为民生幸福问题全方位考虑工作内容、目标和举措，让广大民众深切地感到党的干部是人民的代表，由此不断增强社会或政府的公信度。二是要选拔德才兼备的充分反映民意的好干部。民主政治建设进程中的一个非常关键的问题是被选拔的干部是不是民众信得过的干部，是不是民主进程中得到公认的干部。如果干部选拔不能体现民意，那么，可以说，整个社会就没有诚信可言。一个在干部选拔上的公信度受到质疑的社会，即是民主政治建设开始走向败落的社会。改革开放以来，我国的干部选拔制度的改革和发展，尤其是干部选拔、监督机制的不断科学化，使得社会诚信度越来越高，推动了民主政治建设进程的不断向纵深发展。三是要保障言论自由。在一定意义上社会是民众的社会，要相信民众的意见、建议等等是对社会负责的精神，因此，倾听民众呼声，并积极主动地解决相关社会问题是诚信于民的关键，也是社会和谐稳定的关键所在。一个不能把民众的建议、意见当作头等大事来对待的社会必将是官员丧失信誉、社会也将丧失正常秩序的社会。另一方面，民主政治建设的关键在党员的诚信。作为中国共产党这样一个执政大党，党员的素质直接影响到民主建设进程。而党员首先要有“党德”，如果连基本的党德都没有，那党性就无从谈起，也就谈不上遵守政治原则和党纪国法。那么，党德是什么？党德是作为一个党员在组织上、思想上、作风上“应该怎样，不应该怎样”的境界和行动，这里的“应该怎样”即是党员应尽的责任和义务。然而，党德的实现，其最基本的要求是诚信，因为，一个执政党党员的诚信度直接影响党和政府的公信度，影响到民众对当今社会的认可度。因此，民主政治建设需要加强党员的党性修养，尤其需要培养党员的诚信觉悟。再一方面，民主政治建设，舆论应该最大限度地公开，这不仅是民主政治建设的重要手段，更是诚信社会建设的不可忽视的途径。这是因为，民主政治建设必须要有权力监督机制，若是没有权力监督机制，民主政治建设就没法向前推进。问题是怎么监督？监察制度、问责制度、法律、道德、官员行为准则等等都是权力监督的重要手段或依据，特别是在现在社会条件下，舆论公开是诚信于民、取信于民的重要路径，也是民主政治建设新的重要手段。一个舆论不太公开甚或不能或不愿公开的社会，是诚信度或公信度最弱的社会，这样的社会是无从谈和谐社会建设的。当然，要指出的是，由于社会生活的复杂性，并不是什么舆论都能随便公开的，有的所谓舆论或新闻舆论，只要传出去之后可能会引起社会不安甚或动荡，那就应该制止，因为引起社会不安或动荡对我们没有好处，影响社会的发展进程，影响我们自身的利益，最终影响民主政治建设进程。因此建设诚信社会并不是主张舆论可以无所顾忌，尤其在网络时代，正确地管控舆论是社会诚信建设的重要环节，否则，混乱或不正当的舆论破坏的是社会诚信机制。还有，法律面前人人平等是诚信于民的根本，是民主政治建设的生命线。一个国家或一个社会能否真正做到法律面前人人平等，这是一个国家或一个社会诚信还是不诚信、民主还是不民主的分水岭。可以说，法制没有信誉，那社会的一切皆不可信，民主政治建设将会是一句空话。我国公信度的不断增强，其中重要原因之一是法制建设越来越完善，法治诚信获得了广大民众的认同和赞赏。

诚信是社会和谐之重要条件。一方面，科学的社会管理即诚信式的管理。社会建设要靠管理，而管理是一个庞大的系统工程，从生产、交换、分配、消费到人们的福利支持等等，从交通出行、旅游到节假日人口大移动，从社区生活配套到日常交往、休闲生活等等，从学校、家庭到公共场所等等无不需要管理，在这可统称为社会治理的庞大社会管理工程中，需要法律、行政、道德等综合管理手段。然而，科学的社会管理或社会治理的核心或基础管理手段是诚信式的管理。一是因为社会管理是社会成员和管理者共同的生活内容、手段和目标，唯有诚信管理才能获得社会成员情感上的接受、管理宗旨上的广泛认同和支持，也才能实现社会管理上的有效配合。二是唯有诚信管理才能营造互信、多赢的社会氛围，避免一切可以避免的社会矛盾和冲突，实现社会和谐。三是现代社会是“陌生人”社会，尤其是新的社区成员多半是“移民”而来，在这样的社区坚持诚信管理，有利于在不断增强互信的基础上形成互帮、互助、互谅的和谐社区，更有利于大社区的治理。另一方面，社会矛盾的解决需要诚信承诺。社会矛盾在任何一个社会发展阶段是不可避免的，只是矛盾有大小或性质不同之区分而已。然而，社会矛盾不管大小和性质，只要引起矛盾的问题或事项不能及时解决，甚至解决不好，都会酿成更大社会矛盾甚至社会冲突。往往在解决社会矛盾过程中需要时间，需要过程，为不至于使已经产生的矛盾扩大或延伸，这就更需要相关方面的诚信承诺，承诺的诚信兑现，没有解决不了的社会矛盾。当然，失信是社会治理的大忌。再一方面，诚信是社会和谐协调的保证力量。社会的和谐协调是人与人、心与心的和谐协调，是利益相关者之间的和谐协调，唯有诚信才能沟通心灵、协调关系。

（原以题为“诚信——和谐发展之根”载《群众》2012年第12期）

保障民生乃善政之基

保障民生是善政之重要基础。因此，善政的首要任务是不断完善保障民生的基本理念及其实践路径。

善政首先应该是利用政治权力着力推进经济发展。恩格斯说：“政治权力在对社会独立起来并且从公仆变为主人以后，可以朝两个方向起作用。或者它按照合乎规律的经济发展的精神和方向发生作用，在这种情况下，它和经济发展之间没有任何冲突，经济发展加快速度。或者它违反经济发展而发生作用，在这种情况下，除去少数例外，它照例总是在经济发展的压力下陷于崩溃。”恩格斯接着又说：“如果政治权力上是无能为力的，那么我们何必要为无产阶级的政治专政而斗争呢？暴力（国家权力）也是一种经济力量。”（见《马克思恩格斯文集》第10

卷，人民出版社2009年版，第597—601页）这就是说，发展经济是最大的善政，没有基本的经济力量，民生没有保障，那善政就会失去根基。习近平总书记始终要求我们党和党的干部，必须“坚持以人民为中心的发展思想”，坚持“五位一体”的总体布局和“四个全面”的战略布局，以及创新、协调、绿色、开放、共享的新发展理念，全面建成小康社会，真正把人民对美好生活的向往作为奋斗目标，这实际是坚持民生至上的政治宣言，是善政的宏伟目标和根本前提。

善政就是要在发展经济的同时让民众获得实实在在的利益。习近平总书记在中国共产党十八届五中全会第二次全体会议上谈到建设小康社会时说：“全面小康，覆盖的人口要全面，是惠及全体人民的小康。全面建成小康社会突出的短板主要在民生领域，发展不全面的问题很大程度上也表现在不同社会群体民生保障方面。‘天地之大，黎元为本’。要按照人人参与、人人尽力、人人享有的要求，坚守底线、突出重点、完善制度、引导预期，注重机会公平，着力保障基本民生。”当然，只有坚决维护人民利益才能保证基本民生。习近平在党的十九大报告中指出，“全党必须牢记，为什么人的问题，是检验一个政党、一个政权性质的试金石。带领人民创造美好生活，是我们党始终不渝的奋斗目标。必须始终把人民利益摆在至高无上的地位，让改革发展成果更多更公平惠及全体人民，朝着实现全体人民共同富裕不断迈进”。强调，要在应对重大挑战、抵御重大风险、克服重大阻力、解决重大矛盾中，“更加自觉地维护人民利益，坚决反对一切损害人民利益、脱离群众的行为”；要优先发展教育事业，在做到“幼有所育、学有所教”的同时，办好人民满意的教育；要解决最大的民生问题，提高就业质量和人民收入水平；要加强社会保障体系建设，解决人民群众的后顾之忧；要坚持大扶贫格局，打赢脱贫攻坚战；要在实施健康中国战略中，为人民群众提供全方位全周期健康服务；要打造共建共治共享的社会治理格局，“保护人民人身权、财产权、人格权”；要真正做到社会主义文化为人民服务，为人民大众提供健康的精神食粮。还强调，要全面解决人民关注的问题和矛盾，要努力解决群众在收入分配差距、就业、教育、医疗、居住、养老等方面的难题，要在不断加强国家治理体系和治理能力的同时，切实解决社会矛盾和问题交织叠加问题。总之，要在坚决地维护人民利益中，“不断增强人民的获得感、幸福感、安全感，不断推进全体人民共同富裕”。这应该既是善政基本内容,更是善政的基础。

当然,保障民生,实现善政,不只在于资源丰腴,更在于利益分配要注重公平。习近平总书记2016年在省级主要领导干部学习贯彻党的十八届五中全会精神专题研讨班上指出:“要通过深化改革、创新驱动,提高经济质量和效益,生产出更多更好的物质精神产品,不断满足人们日益增长的物质文化需要。”同时,“要坚持社会主义基本经济制度和分配制度,调整收入分配,完善以税收、社会保障、转移支付等为主要手段的再分配调节机制,维护社会公平正义,解决好收入差距问题,使发展成果更多更公平惠及全体人民。”特别指出的是,保障民生、利益公平的重要一环是消除贫困。习近平总书记在2015年中央扶贫开发工作会议上说:“消除贫困、改善民生、逐步实现共同富裕,是社会主义的本质要求,是我们党的重要使命。”这实际上也道出了善政的本质所在,即,真正的善政应该是国家的主人在公平分配原则下都越来越富裕,越来越受到公平、公正的对待。

更进一步说,保障民生的一个不可忽视的理念是坚持促进人的全面发展。这是带根本性的民生主旨,没有人的发展，所谓的民生是不完美的，那善政也就缺乏根本性因素。事实上，人的解放乃至人的全面发展始终是马克思主义的社会发展和政治目标，正如马克思所说，社会解放就是要“使人的世界即各种关系回归于人自身”。这就是说，在走向共产主义的过程中，我们的目标就是要不断使得人作为人、关系作为关系而存在着。换句话说，人应该是享有尊严的“真正的人的生活”，应该有崇高的精神境界并“自由地发展他的人的本性”，应该置身于和谐、自由、平等的“共同体”中。习近平总书记在党的十九大报告中强调，要以人民为中心，要“不断促进人的全面发展”。指出，“要以培养担当民族复兴大任的时代新人为着眼点，强化教育引导、实践养成、制度保障，发挥社会主义核心价值观对国民教育、精神文明创建、精神文化产品创作生产传播的引领作用，把社会主义核心价值观融入社会发展各方面，转化为人们的情感认同和行为习惯”；要通过加强思想道德建设，引导人们树立正确的历史观、国家观、文化观；要“建设知识型、技能型、创新型劳动者大军”，激发人们创造活力。尤其要“把教育事业放在优先位置”，“要全面贯彻党的教育方针，落实立德树人根本任务，发展素质教育，推进教育公平，培育德智体美全面发展的社会主义建设者和接班人”，这是促进人的全面发展的基础、前提和根本路径。这就是说，民生不只在物质条件的充裕，还在德智体美的全面发展；不仅仅是经济发展及其利益获得问题，还有人的发展和精神需求的满足问题。事实上，保障民生的核心和根本性内容是应该不断培育和提升人们的精神境界和道德素质。而且，在人的全面发展的内容中，道德素质是根本，忽视了这一点，保障民生将会出现严重的不协调，民生也将是不完整甚至不完美的民生，善政也将出现明显的短板。

当然，这里要指出的是，作为善政基础的民生保障的保障是保障民生的题中应有之义。也就是说，只有坚持群众路线，到群众中去，我们才能真正了解到人民群众的疾苦和诉求，才能真正掌握人民群众反映强烈的突出问题的原因，并进而拿出得力的解决举措；只有坚持不断健全和完善制度，才能以公平、公正的制度保障人民群众应得利益；只有坚持创新、协调、绿色、开放、共享的发展理念，才能做到习近平总书记在党的十八届五中全会第二次全体会议上所要求的，“使全体人民朝着共同富裕方向稳步前进，绝不能出现‘富者累巨万，而贫者食糟糠’的现象”；只有坚持先进文化、社会主义核心价值观，才有可能创建和谐的社会环境，享受保障民生基础上的幸福生活。为此，要牢记习近平总书记 2016 年在江西调研时说的话："保障和改善民生没有终点，只有连续不断的新起点，要采取针对性更强、覆盖面更大、作用更直接、效果更明显的举措，实实在在帮群众解难题、为群众增福祉、让群众享公平。要从实际出发，集中力量做好普惠性、基础性、兜底性民生建设，不断提高公共服务共建能力和共享水平，织密扎牢托底的民生保障网、消除隐患，确保人民群众安居乐业、社会秩序安定有序。"

综上所述，我们可以知道，假如不能发展经济、保障民生，假如忽视人的全面发展尤其是人的精神境界及其道德素质的提升，假如不能不断加强保障民生的保障，那所谓的善政是不可能实现的。

新时代的道德标杆

我有幸作为专家组成员参与了中宣部组织的第二届全国道德模范评选工作，自身也受到了一次深刻的社会主义道德教育。道德模范的先进事迹震撼人心，激励全社会。

全国道德模范评选在举国上下引起了强烈反响，我深感，它的社会启发、教育和引导作用不只在当下十分明显，而且将产生深远的历史影响。尤其突出的是人们从道德模范身上看到了朴实而崇高的道德境界，更坚定了建设社会主义和谐社会的信心。

全国道德模范的优秀事迹可歌可泣，为全国人民树立了新时代的道德标杆。

道德模范的优秀事迹是社会主义核心价值观的生动

体现。道德模范的共同特点是坚信党的领导，坚信社会主义，真心实意地为我国改革开放的伟大事业奉献自己的力量。尽管有的事迹看上去并不那么轰轰烈烈，但他们尽到了自己的全身心的努力，为平凡的事业作出了毕生的奉献。同时，道德模范的共同心愿和目标是做好人做好事，立身一生清廉，为人乐意付出，而且不计报酬，不图名誉。再者，道德模范坚持爱国、爱家、爱人的统一，不管是助人为乐、见义勇为、诚实守信、敬业奉献还是孝老爱亲，他们都能坚持大爱无疆，把真爱洒向人间。在道德模范面前，那些唯利是图的、见利忘义的自私自利者就显得十分渺小，而且他们的行为已经遭到全社会的唾弃，这也说明社会主义核心价值观的精神力量之伟大。

道德模范的优秀事迹是中华民族优秀道德传统的新时代传承。道德模范的优秀事迹是新时代的道德境界的体现，也是中华民族优秀传统文化尤其是优秀道德传统的传承。中华民族优秀道德传统主要体现为关注国家和民族利益、崇尚“仁爱”精神、坚持诚实守信、善于修身养性、自觉感恩、助人为乐等等，道德模范无不体现这些优秀道德传统，而且，他们的优秀事迹都注入了新时代的道德元素，体现了新时代道德的朴实而崇高的特点。同时，道德模范的优秀事迹展示了他们在传承优秀道德传统基础上的高尚的人生价值观、幸福观和我国现时代的主流价值观。道德模范的精神以及产生的重大社会影响完全能够说明，虽然社会上不时地出现一些坑蒙拐骗、无恶不作的缺德者，但他们的行为影响不了主流道德观的传承，也阻碍不了社会主义道德建设的进程。

道德模范的优秀事迹为社会主义的文化自觉发挥了先导作用。社会主义的文化自觉是社会主义现代化建设的基础和重要条件，然而，文化自觉的前提是道德自觉。只有对国家、对社会、对他人、对自己有深刻而充分的认识，并且身体力行，才能够真正达到文化自觉。道德模范们表现的是做好人和做好事，但他们体现和展示的是道德自觉，他们都有着对人生和社会生活的深刻的认识，有着对美好生活追求的远大理想。

救灾精神震撼世界

5·12汶川8.0级特大地震，造成了重大人员伤亡和惨重的经济损失。这场历史上罕见的破坏性最大、波及范围最广的汶川大地震，是对中国政府和人民的一次大考验，中国政府和人民面对灾难所表现出的空前团结与坚强，令国人感动，让世界动容，无疑向世界递交了一份令人满意的答卷，并受到国内外舆论的广泛好评。

面对从天而降的飞来横祸，在党和政府的坚强领导下，中国人民万众一心，众志成城；一方有难，八方支援，谱写了一曲又一曲可歌可泣的抗震救灾颂歌。在这场汶川大地震中的“万众一心、众志成城，不畏艰险、百折不挠，以人为本、尊重科学”的抗震救灾精神，不仅是社会主义制度无比优越性的充分体现，而且是社会主义核心价值观的特殊而又最好的诠释，并且使社会主义核心价值观得到了进一步的验证和彰显。

面对特大地震灾难，真切而崇高的道德良心在干部、军人、警察、医生和教师等各类群体身上表现的尤为突出。灾区各级领导干部在交通中断、天气险恶的情况下，强忍着悲痛和煎熬，在第一时间坚守在抗震救灾现场，尽一切可能组织群众自救。在这中间，有许许多多的道德楷模，他们捧着一颗丹心，以真切而崇高的道德良心与天灾做殊死抗争，给灾民带来了生机和温暖。例如，北川县委常委、副县长瞿永安，面对妻子被埋在废墟中，父母、岳父母、侄儿、侄媳等十个亲人被压在钢筋混凝土之下的情况，扑通一下跪倒在地，泪流满面地向亲人重重磕下三个响头，随后便奋战在抗震救灾第一线，持续 7 天 7 夜 160 多小时，每天往返于危险崎岖的山路，到县城搜寻幸存者，沿路救助伤病员，收集报告灾情。德阳东汽中学教师谭千秋，在地震发生的瞬间，张开自己的双臂趴在课桌上，身下死死地护着四个学生，在死亡面前，他以自己的生命换来了 4 名学生的明天。还有“摘下我的翅膀，送给你飞翔”的映秀镇小学教师张米亚，舍身救出了两名学生。痛失十几位亲人却继续坚持救援的坚强女警蒋敏，一直坚守在工作岗位，直到5月26日，才手捧花环站在家乡祭奠深埋在地下的亲人，面对一片废墟的北川县城，这位坚强的女民警终于泪流满面，悲痛欲绝。凡此种种，不胜枚举。

在抗震救灾过程中，这种抗震救灾的义举真切地阐释了中华民族的道德良心。但是，这种道德良心绝不是一朝一夕所能形成的，它是长期的道德修养和德行积淀的结果。因此，道德良心展现的偶然，其实有其必然。它不单会在我们习以为常的日常生活"润物无声"，而且更会在危难关头和关键时刻绽放光彩。正是在这个意义上可以说，强烈地震后，举国上下抗震救灾行动之迅速，"把人的生命放在第一要位、不惜一切救人"的精神之感人，实际上是在向全世界展示了我们中华民族道德良心的魅力。今天，我们应该承认，虽然有时还存在着道德良心泯灭、伦理失范的情况，但绝不像有人所夸大的那样，认为改革开放和社会主义市场经济必然会导致道德堕落，甚至世风日下、人心不古。相反，我们又一次在抗震救灾中真切地看到许许多多可歌可泣、震撼人心的英雄行为，这足以证明中华民族的道德良心在今天依然留存在人们的心间，并且它也在与这场巨灾搏斗中得到进一步的淬炼和提升。

大灾有大爱，汶川有后盾。在特大地震灾难发生以后，中华民族的大爱精神得到进一步的展示和增强。全国人民和海外华人高度关注灾情，纷纷以各种形式捐款捐物，以强烈的爱国热情投入到如火如荼的抗震救灾中去。真情系灾区，关爱汇暖流，值得一提的是，香港、澳门和台湾同胞以“血浓于水”的情感为灾区捐款捐物，这是一种由衷的爱国之情，也是真正的人道主义的关爱人的精神。一些催人泪下的场景更令人感觉大爱崇高。例如，严重残疾靠两手行走的小乞丐，捐出了乞讨来的身上仅有的几元钱；小朋友们捐出了平时的多多少少的积蓄，一位小学生用衬衣包着三年积聚的十几斤重的有 1200 元的硬币捐钱，让他写下自己的名字，他红着脸不吭声，过会儿悄悄溜走了；北京师范大学一同学在捐款现场捐出 807.7 元钱不留名，这把 7 角零钱也一并捐出的不留名的捐款足以说明他没有修饰的真诚和尽力；等等。

人民子弟兵是人民的坚强后盾。在抗震救灾现场，这一句话得到了生动鲜活的诠释。面临余震，许多官兵以责任重于泰山、生死置之度外的英勇气概，谱写了一曲又一曲爱国爱人之颂歌。他们不畏艰险，迎难而上。例如，一批消防战士就在受灾异常严重的武都小学展开了紧急救援。就在抢救进行到关键时刻，又一次余震来袭，砖头和水泥板开始往下掉，再进入废墟救援非常危险。当指挥人员下令“往后撤”时，一名刚从废墟中救出一名孩子的战士，却面对拖着他往后撤的战士“扑通”跪了下来，他流着热泪说：“你们让我再去救一个吧，求求你们让我再去救一个，我还能再救一个。”此情此景，感动了在场的所有的人，大家都哭了。可以说，这不是某种“做作”，因为即便是最聪明、最能干的做作也绝不会拿自己的生命当作“做作”的赌注。这种把救人当作天责、置自身安危于不顾的精神，“只要有一线希望、就要尽百倍努力”以及“不抛弃、不放弃”的救人精神，不仅体现了一种可敬可佩的民族责任意识，更彰显了何等崇高的道德境界！

在特大地震灾难发生以后，激动人心的一幕是解放军空降部队为了以最快速度到达中断交通的重灾乡镇，4500名官兵写下遗书，冒着生命危险“盲降”灾区。为了救人，施救者不顾个人的安危，冒着余震的危险，从废墟中把生还者一个一个地救出来。作为第一支到达汶川灾区的武警某支队200名人民子弟兵，为尽快开辟“生命通道”，在摩托车无法通过时，弃车步行，他们手拉手趟着齐腰深的泥石流艰难前行，历经 21 小时，徒步强行 90 多公里到达目的地，并立即展开搜救工作。在此期间，余震频频，摇摇欲坠的梁柱嘎嘎作响，他们在一座随时可能倒塌的大楼旁搜救，完全是“违章”作业。但为了孩子们的生命，他们别无选择——直面死神，子弟兵总是将援手伸到最前面。他们把生的希望留给别人，把死的威胁留给自己。而被救者在他们精神的鼓舞下，更是以惊人的毅力生存下来，有的甚至不久之后又成了施救者。

这种勇敢顽强的民族精神也体现在像林浩这样的小英雄身上。林浩今年才 9 岁，是四川汶川映秀镇渔子溪小学的二年级学生，5・12 地震发生后，林浩先是从废墟中逃了出来，后来他听到石板后面传来一个女同学的哭声，他就告诉她，别哭，我们一起唱歌吧，唱完后，女同学不哭了，最后，女同学也终于爬出来了。小林浩从废墟中救出了两名同学，因为救人，林浩头部被砸破，手臂严重拉伤，但他一点都不在乎，还镇定地说：“我背得动他们，我开始爬出来的时候，身上没有伤，后来爬进去背他们的时候才受伤的。”从小英雄林浩的镇定而坚毅的救人举动，投射出的正是中国人临大难而愈发坚强的勇气，这就是中国人的坚强。毫无疑问，在抗震救灾过程中，各种群体的人们显示了中华民族的大无畏的勇气，进一步弘扬了中华民族的这一民族精神。

在特大地震灾难发生后，党和政府对抗震救灾工作给予了坚强的领导，把“救人”放在所有工作的第一位，这既是重视生命、尊重生命，也充分体现了我党以人为本、执政为民的政治理念。面对灾情，党和国家领导人强调最多的是，“只要有一线希望，只要有一点生还可能，我们就要作出百倍努力”；面对失去亲人的孩子们，党和国家领导人的表态让人动容，“我们应该把你们照顾好”“政府要管你们的生活，你们在这里就像在自己家里一样”“这是一场灾难，你们幸存下来了，就要好好活下去”“有什么困难，将来政府都要管”。这无不彰显着一种人民至上、生命至上的人文关怀。以人为本作为抗震救灾精神的核心，昭示着党的先进执政理念，闪耀着社会主义人道主义的光芒，再次生动地诠释的是马克思的人的最高价值观——“人的根本就是人本身”。

“一方有难，八方支援”，这句话在这次特大地震灾难发生后得到真实而生动的体现。中央以最快决策建立与灾区对口的支援机制，举国上下第一时间捐款捐物，许多大学生和市民排队献血而引起交通拥堵，等等。可以说，只有社会主义制度才能动员全社会的力量以最快的速度抗震救灾、安定生活、恢复生产、重建家园。这不仅进一步展示了社会主义制度的伟大与优越，而且进一步增强了中华民族的凝聚力和向心力。

地震发生的当天，就有近 20000 名解放军和武警官兵到达灾区展开救援，24000 名官兵紧急空降到重灾区，10000 名官兵通过铁路向灾区进发。民政部紧急调运 5000 顶救灾帐篷，中国红十字会紧急调拨价值 78 万元的救灾物资，卫生部紧急组织 10 多支卫生救援队赶赴灾区，电信、电力、交通等部门都启动应急预案，等等。这在通讯和交通中断、情况不明的情况下，如此快速的救援，堪称神速。而后数天，各路救灾队伍、志愿者、各种救灾物资以最快速度源源不断运往灾区，在都江堰聚源镇、德阳汉旺镇、汶川映秀镇等抗震救灾第一线，总共聚集了 13 多万名子弟兵、14 多万名医疗卫生人员、数万名救援队员、20 多万名志愿者，源源不断的救援物资以最快速度安置灾民的生活和满足医疗需求等。国务院关于“实行一省帮一重灾县，几省帮一重灾市（州），举全国之力，加快恢复重建”的要求，建立和完善对口支援机制，重建速度迅速，大量中学生及时地在异地被安排读书，等等，这些充分体现了社会主义制度的无比优越性，也表明社会主义的集体主义精神在新的历史条件下不仅没有过时，而且能够绽放异彩。

在纪念中国共产党成立87周年之际，中共中央于2008年6月30日下午在中南海怀仁堂召开抗震救灾先进基层党组织和优秀共产党员代表座谈会。胡锦涛总书记出席座谈会并发表重要讲话。他强调，“万众一心、众志成城，不畏艰险、百折不挠，以人为本、尊重科学的伟大抗震救灾精神，是爱国主义、集体主义、社会主义精神的集中体现和新的发展，是我们党和军队光荣传统和优良作风的集中体现和新的发展，是中华民族精神在当代中国的集中体现和新的发展。我们要在全党全社会大力弘扬抗震救灾精神，为中国特色社会主义事业不断发展提供强大精神动力。”完全可以说，伟大抗震救灾精神就是社会主义核心价值体系的特殊而又最好的诠释。我们有理由相信，在党和政府的坚强领导下，在社会各界的支持和灾区群众的不懈努力下，在渗透着优秀传统文化精髓的社会主义核心价值观的引导和感召下，一个崭新的物质家园和精神家园必将会出现在四川灾区的大地上，并将焕发出蓬勃的生机。

（本文写于2008年8月，资料主要来自《感动生命的100个瞬间》，光明日报出版社2008年5月出版；《中国汶川抗震救灾纪实》(续集)，新华出版社2008年6月出版）

缘之为缘

也是一种机缘吧，我担任了中国伦理学会今世缘企业道德文化研究院院长，又由于研究院的今世缘集团背景和平台，我时常有兴趣于“缘哲学”的思考。

缘是人与社会及其完美与幸福不可或缺的基本要素。缺少良缘的人和社会意味着扭曲和悲惨。故，缘，无价，意义深刻。

中国传统文化中的“缘”，是一个内涵深刻且社会影响广泛的概念，也是意义非凡的道德哲学范畴。

缘是人际关系的一种存在形式，有缘是指发生了的人际关系，无缘是指没有形成一定的人际关系。有缘，其实是意味着人际关系形成的偶然性，否则没有必要强调有缘。然而，偶然中必有必然，缘之关系的出现或形成，一定有相关因素在起着“结缘”的作用。所以缘是人际关系之偶然与必然的统一体。同时，缘也是人们期盼的一种生活方式，自古以来，人们把相互之间的认识、交友、结亲、合作、互助、携手前进等作为赞赏的交往态乃至生活态，并会深有感触地把这交往态、生活态称之为“缘份”“有缘”。为此，进一步说，缘之人际关系的形成，其基本前提是信任、负责、合作、互惠等理性境界，否则，人际间就无缘成缘，更谈不上惜缘续缘。因此，缘之为缘在德。

“缘之基”在善德。缘就是人之缘，是人际结缘。结缘要有善德为前提，否则，缘及人之关系就不能生存，即使偶然相识或相聚，甚或保持了一定的关系，但是，与人交往缺乏善意和善行，甚至恶意在心，那也不可能结缘。假如两个恶人在一起，这不是结缘，是臭味相投，违背了善德之缘本质。就拿“人缘”来说，人缘指的是人之关系及其人脉，其实质是人品及其道德境界的反映。俗话说，做人做得好，人缘就好。也就是说，人品好，人们愿意与之交往，并愿意互相关心和帮助，这必然会积累众多的人脉关系。我们平常所说的人缘不好，指的就是人品不佳，人们不愿意与之交往。这样的人其实是没有人缘，而没有人缘就不成其为缘。因此,今世有缘,即今生有德。真可谓“缘、德相通;缘、德相拥”。

“缘之理”在伦理关系及其道德责任。从“缘之基”就可以推导出,缘之为缘或何以为缘是伦理关系及其道德责任。没有人与人之间的相遇、相交,就没有缘之社会现象。而相遇、相交后要成为真正的“有缘”并长久地存在,这客观内涵着一种道德责任。就拿“业缘”来说,业缘指的是经营单位的业务关系及其经营或合作的人脉资源。而要建立丰富的人脉资源,经营者、工作人员的经营或工作就应该讲德性、讲诚信、讲公平交易等等。业务红火意味着人们愿意与之交易,意味着人们对该企业有高的信任度,经营单位之间能保持正常业务往来,意味着经营单位相互之间存在着相当的信任度。假如没有道德经营意识,甚至失去诚信,那企业将会失去正常的人脉资源,“业缘”也将不复存在,这样的企业将会走向衰亡之路。再拿“血缘”来说,血缘指的是有血脉联系的亲属关系或称血亲关系,其中包括夫妻关系之姻缘。具有血缘关系的人际间有着人们公认的必须履行的行为准则,如我国古代的“父子有亲”“夫妇有别”“长幼有序”等内涵就是真正的血缘关系之道德要求。尽管我国封建社会的姻缘关系的形成往往是父母之约、媒妁之言，但是，完美的姻缘一定是“爱之体”，一定有着特定的夫妻规约或道德要求维系着。没有爱的夫妻关系实质是“死亡”了的姻缘关系，这样的姻缘实质是“虚缘”。为此，即使有着血亲关系，如果不承担一定的责任和义务，人们会把他作为大逆不道的“家贼”，在心理上“开除”他的血缘联系，所谓有的血亲关系被人们指责为“老子不像老子、儿子不像儿子、夫妻不像夫妻”，说的就是这个道理。

“缘之目标”在和谐共生。由以上“缘之基”和“缘之理”必然推导出和谐共生的“缘之目标”。其实，缘之本质是讲求和谐共生。人的世界是各种各样的“大缘”和“小缘”按一定的逻辑关系组合成的一个社会有机整体，也就是说，人的世界即为“缘之体”，缘的世界。它客观上要求人们“按理性生活”（亚里士多德语），即按一定的道德规范生活，以其达到全社会的和谐共生。大到世界的国家与国家关系、地区与地区关系、民族与民族关系，即所谓的“国缘”“地缘”“民族缘”，小到人与人、单位与单位关系，即所谓“人缘”“业缘”等等，其实是不可忽视乃至不可回避的人类“命运共同体”，是人类之“大缘”，要想使人类“命运共同体”之“大缘”合理存在、和谐发展，就应该在坚持"缘德"的基础上，实现真正的和谐共生。

有缘成为命运共同体，和谐共生是人和人类的最好愿景。这就需要坚持"风雨同舟、患难与共"，在任何艰难困苦的情况下，伸出援手，互帮互赢；需要坚持"包容性发展"，因为在命运共同体发展进程中会遇到各种各样的问题或摩擦，这就要求在"两弊相权取其轻，两利相权取其重"原则下，实现包容性共生和进步；需要在全社会坚持"自由""民主""公正""平等""诚信""友善"，唯此才能充分发挥共同体中每个成员的生存积极性，自由地发挥自己的个性，激发每个人的自主性、创新性、创造性，形成社会进步的强大动力；需要在国与国之间坚持"真诚友好、相互尊重、平等互利、共同发展"，"国家不分大小、强弱、贫富一律平等，秉持公道、伸张正义，反对以大欺小、以强凌弱、以富压贫"(《习近平谈治国理政》，2014)，真正实现人类和平发展，等等。

"缘之实现"在"惜缘""育缘""护缘"。缘，无处不在，无时不有。当然，我们日常说的有缘相聚见面、有缘合作共事、有缘结婚成家、有缘久别重逢、有缘生死相依等等，均说明偶然的机遇和条件，形成了一定的关系。当然，一定的关系的形成，也有必然的因素。因此，缘是偶然和必然相统一的“人际关系体”，即前面所说到的“命运共同体”。而和谐的人际关系和人类“命运共同体”要和谐共生，必须“惜缘”“育缘”“护缘”，进而“结善缘”。佛教中的因果关系说强调的也是缘和行善，佛教认为，有因即有果，有因必有果，而因致果需要一定的缘即外缘，如果外缘不具备，“果报”不能形成。所谓的善有善报、恶有恶报说的即是这个道理，即善缘结集多了就会有善报，恶缘结集多了就必然会有恶报。其实，就“缘”一词来说，它是指顺着、遵循。所谓顺着，正如陶渊明《桃花源记》中说：“缘溪行，忘路之远近。”加以引申，即按照应有的路径前行，将一路畅通。所谓遵循，如《商君书》所说：“明王之治天下也，缘法而治，按功而赏。”加以引申，缘即是指行为依据一定规约和道德要求。（参见张永言等《简明古汉语辞典》，1986）这就说明，缘作为一定的人和人关系及其正常化，作为“命运共同体”的和谐与发展，需要培育人的缘之意识，需要依据和遵循一定的规约和道德要求，维护缘之存在和发展，否则，缘之为缘就不能正常存在，更不可能实现由“大缘”和“小缘”按一定的逻辑关系组合成的社会有机整体的“善缘”世界。

因此，“缘”从一个角度来说是指人和人际关系，包括国家关系、地区关系、民族关系等等，从另一个角度来说是指规约和道德要求及其正常和全面的履行。所以，缘与德性、德行同在，缘即德。

小议“杨朱”

先秦道家杨朱，其思想观念在我国思想发展史的早期可谓是独树一帜，留下了重要的一笔，以至于孟子不仅慎于叙述他的独特的思想观念，而且把他和墨子相提并论。然而，杨朱并没有传下著作和文章，他的思想观念，只见诸于其他典籍的记载。而其中影响最大的思想是孟子所说：“杨子取为我，拔一毛而利天下，不为也。”（《孟子·尽心上》）其他典籍的记载一般与孟子的交待大同小异。至于后来《列子·杨朱篇》中的思想观念，也只能看作后人对杨子思想观念的拓展而已。这就是说，杨朱的寥寥数语决定了他的思想史地位，并使之流传百世。

在此尚且不论杨朱思想的是与否，所有的思想史著作只要涉及杨朱思想都会给予评说。我在此只是想从另一角度说明，一个人的人文社会科学研究，能否在思想文化发展史上添上一笔，说的俗一点，是否能留名，这不取决于写了多少书和文章，而要看当事人有多少独特见解或有创见的科学的新思维、新观点。有些人虽著作等身，但只是"炒冷饭"或做文字游戏，思想文化发展史不会留下其无聊的文字踪迹，到头来其所发表的所谓文章或著作都只是废纸、文字垃圾。有的学者，虽著作或文章甚少，但通过潜心研究字字闪光，句句达理，创新价值凸显，实践意义非凡。我想，这样的人和思想必将会在思想文化发展史上烙下深深的印记，并不断发挥着独特思想的促进文明发展的作用。

当然，一些著名思想家、政治家等，既有思想，又著作等身，那是最好不过了。在中国，这样的人越多越好。不过，达不到这种程度和水平，宁做杨朱，也决不做制造"文字垃圾"的所谓的"名人"。

也许杨朱从没有想到他的只言片语会成为中国思想史的重要印记，同样，也许今天的"摇笔杆子"的人们，有的想不到，虽言语不多，但今后可能会成为中国思想史上的影响深刻且深远的人物；有的想不到，虽写了许许多多文字，但只是一堆文字垃圾，最终"烟消"在"浩荡"的历史长河中。

漫谈学术创新与评价

若干年来，我国的学界在感叹和追问，社科界为什么形成不了与我国国际地位相匹配和与十三亿人口相当的数量的学术大师。其实，究其根本原因之一是我们的一些学术理念离真正的学术、学术行为与学术本真相去甚远。

何谓学术？这似乎被学术界视为无需探讨的不是问题的问题。然而，如果不对这一基本问题做出深入的思考和清晰的回答，就可能会出现学术不像学术、学者不像学者的现象，进而导致理论研究要么不知所云、空洞无物，丧失在经济社会发展中的话语权；要么形而上学，误导经济社会发展；要么理念畸形，损伤学术和学术进步；要么自我陶醉，沉浸在毫无价值的废纸堆和文字垃圾堆中,等等。因此,当我们试图开始学术思考之时,需要首先厘清最能体现本真学术的学术本质和学术评价。

创新是学术之本质。学术的精髓、学术的核心精神、学术研究的目的、学术研究的生命力在于创新。学术研究过程就是学术创新过程,离开了创新就无所谓学术。然而,何为学术创新?学术创新是对事物本质及其规律作科学、深刻、系统和简明的陈述;是对已有观点更广更深意义上的理论研究;是对社会生产、生活实践的深层次学理透视;是对抽象理论的应用性和操作性研究;是对现实经济社会问题的解释和解决;是对理论观点在争议和商榷基础上的进一步明晰,等等。换句话说,创新要上述哲理、下接地气,传承与批评并存,赞赏与商榷同在。当然,真正的创新经得起时间和历史的考验,只有真正的学术创新才能在经济社会发展中发挥重要的作用,也才能在思想文化发展史上留下印记。那种不着边际的、没有理论和实践意义的“忽悠式”的所谓理论研究和把简单问题复杂化的所谓学理透视,是学术上的故弄玄虚,与真正的学术相去甚远,在一定意义上是在制造文字垃圾,与学术无关。

哲学社会科学的学术创新离不开马克思主义的指

导。至今为止,唯有马克思主义的历史唯物主义理论才是指导哲学社会科学学术创新的科学理念和方法论。坚持马克思主义的辩证法思想,我们才有可能科学地揭示并阐释经济社会发展的客观规律;坚持马克思主义的唯物史观,我们才有可能真正地正确地解释社会公正、平等、自由、民主等等理念;坚持马克思主义的人道主义观、道德观,我们才能真正认识到唯有逐步"使人的世界即各种关系回归于人自身"(马克思语),才有可能建设和谐社会;坚持马克思主义的社会发展观,我们才有可能在理论和实践的结合上,不断推动经济社会的快速发展,等等。那种认为马克思主义是意识形态,它既不是科学也不是社科方法论的论调,其本身就是错误的意识形态理念,而且,抱有这种观念的人是不可能有真正的学术创新的,因为这本身就不是科学的态度,没有科学的态度就不可能有学术创新。

学术的创新需要学术评价,没有正常的学术评价就没有完美的学术创新和发展。科学而有效的学术评价在我国目前尚为"短板",为此,如何进行学术评价是当今我国学界需要研究的课题。学术评价不科学,推进学术繁荣将会遇到许多障碍。学术需要包括评奖在内的学术评价，但是，时下的学术评价往往受多种人为因素的影响。有时，会不会经营和利用各种“关系”，往往是能否获得各级各类荣誉或奖项的关键，因此，没有时间和实践检验的所谓的学术荣誉和奖项、或者没有具体指标和依据的所谓评奖和颁奖，只能作为一种学术水平的评价参考和学术激励的权宜之计。历史对学术的评价是公正的，对于有些人和有些成果来说，历史会证明其获得的所谓的奖状和荣誉证书的含金量不高。如何开展学术评价？其一，学术评价需要赞许和认同，这是学术发展和学术成果发挥作用的重要环节。但学术评价更应当有包括平等商榷基础上的学术批评，唯有理性学术批评才有学术繁荣。不过，当前我国的学术批评还处在很不成熟的初级状态，没有形成良好的学术交流态势。主要表现在：要么在某个领域偶尔有之，没有成为普遍的学术常态；要么不是基于平等的学术探讨，而是没有逻辑依据的恶意攻击；要么唯我独尊，对于与自己不同的观点和方法一概否定，等等。这些问题严重阻碍了我国学术批评的正常发展。事实上，真正有价值的学术批评是学术活动的最好形式之一，它可以促进科学观念的形成，推动学科理论体系的完善和发展。可以说，真正的学术批评的全面展开之日才是我国学术繁荣之时。其二，学术评价可以评奖，但真正的哲学社会科学学术价值绝对不是成果尚没有被检验其价值的评奖评出来的，更不是吹出来的，而是需要经过历史和实践的检验。因此，诺贝尔经济学奖等评奖（评价）中就十分强调对时间和效果的关注，坚持遵循“贡献人类最大利益”的原则。事实上，我国学界有识之士也早就说过，历史上的学术大家并不是评出来的，更不是靠别人吹出来的，尤其不是几张奖状或荣誉证书能说明的，而是在经历漫长的文化沉淀和社会历史检验所凸显的。为此，有的学者建议经过一段时间的沉淀和检验再评价或评奖会更有针对性、更到位。就我国目前情况来看，科学理性的学术评价和评奖，至少应该关注以下几点：一是研究成果要力求有时间和实践的检验，二是作者要公开说明成果的创新观点及其理论和实践意义，三是要坚持专家评审成果和学界公开审阅成果相结合，四是要与同学科其他人的历时性和共时性成果进行比较，五是要说清楚成果存在的问题，六是务必要有客观具体的可以对照的依据和标准，等等，这样可以尽可能避免评价或评奖的偏颇甚或错误。

当然，哲学社会科学学术创新是科学活动，是严肃的，无需也不应该以感情来评判或下结论。但是，客观上有少许所谓学者，总认为自己搞的学术是最好最尖端的，大有哲学社会科学之学术大家“舍我其谁”的感觉。而对于他人的研究成果却不屑一顾，甚至大有一棍子打死的气势。其实，学术应该是互谅、互补、互助的，而理性的学术批评是学术互谅、互补、互助的最好路径。尤其是在今天的坚持学术创新的背景下，集体乃至集团式的学术攻关是学术创新的必由之路，这更需要理性意义上的学术探讨、交流和合作。

既然学术评价的核心依据是学术创新，因此，学术水平并不在于著作、文章等成果的数量，而在于有没有创新成果和创新思想。有人一辈子只研究一个概念或一个命题，只有一两篇学术论文或一两本学术著作，但由于其创新成就和在经济社会发展中的显著作用，照样能成为学术大家，其成果照样能成为传世之作。相反，有的人尽管著作等身，文章数百上千，而且有的所谓成果看似艰深、读来晦涩，但是，由于缺乏创新，结果只能是一堆搬弄来搬弄去的文字垃圾，甚或以所谓新思想理论来误导人们的言行。

要指出的是，学术创新与学术思想传播之间存在明显的区别。学术思想传播主要是指仅仅停留于传播古今中外的某些学术观点，或者在叙述某思想家、学者的观点时进行重新组合、简繁增删等，而没有提出新的或更深入的观点。我认为，时至今天，学术思想的传播仍然是必要的、必须的，但不能将这种传播等同于学术研究。只有在学术思想传播基础上对他人学术思想的创新研究，才能真正被视为学术研究。否则，我们对传统的所谓研究只能停留在“炒冷饭”的境界；我们对西方思想的所谓学术研究只能停留在“追尾”或“传声筒”的水准，甚至会因母语语言和各国文化的因素和差异而变成“小儿科式的搬弄”。

学者尤其要清醒认识的是，学术的影响和地位不是靠“奖”“捧”“评”或“吹”出来的，学术的社会影响和学术的历史地位是学术史中形成的，是学术史的事，而学术史只留存“大浪淘沙”后的经得起时间检验的思想家及其创新学术成果。换句话说，学术经典是由历史证明的，思想史是由真正的思想者及其创新思维和创新理念铺就的。

《资本论》辩证法的道德分析维度

马克思的鸿篇巨著《资本论》的分析方法可谓是哲学社会科学分析方法之典范，是打开社会发展规律之门的金钥匙。

马克思在《资本论》第二版跋中明确指出，《资本论》应用的分析方法是辩证法，并说："我的辩证法，从根本上来说，不仅和黑格尔的辩证法不同，而且和它截然相反。在黑格尔看来，思维过程，即甚至被他在观念这一名称下转化为独立主体的思维过程，是现实事物的创造主，而现实事物只是思维过程的外部表现。我的看法则相反，观念的东西不外是移入人的头脑并在人的头脑中改造过的物质的东西而已。"同时马克思指出："辩证法，在其合理形态上，引起资产阶级及其空论主义的代言人的恼怒和恐怖，因为辩证法在对现存事物的肯定的理解中同时包含对现存事物的否定的理解，即对现存事物的必然灭亡的理解；辩证法对每一种既成的形式都是从不断的运动中，因而也是从它的暂时性方面去理解；辩证法不崇拜任何东西，按其本质来说，它是批判的和革命的。”由此可见，马克思在撰写《资本论》过程中，面对的是资本主义的现实，探讨的是资本主义社会的矛盾及其矛盾运动规律，任何主观臆造都不可能使《资本论》成为“工人阶级的圣经”。

《资本论》始终坚持从抽象到具体的分析方法，资本主义的本质也因此才得以完整地科学地被揭示出来。马克思在《资本论》第一版序言中说：“不过这里涉及的人，只是经济范畴的人格化，是一定的阶级关系和利益的承担者。我的观点是把经济的社会形态的发展理解为一种自然史的过程。不管个人在主观上怎样超脱各种关系，他在社会意义上总是这些关系的产物。”这就说明了马克思在探讨资本主义经济现象及其规律的过程中，不是就经济谈经济，就人谈人或就关系谈关系，而是把经济看作人的经济，人的关系之经济，是人化了的自然经济过程，是把人和人际关系看作经济范畴的人格化。正如马克思在《资本论》中所说:“分析经济形式,既不能用显微镜,也不能用化学试剂。二者都必须用抽象力来代替。”

事实上,《资本论》从不主观臆造空洞的结论,始终坚持具体的历史分析法。正如马克思称之为正是描述了自己辩证方法的俄国伊·伊·考夫曼写的《卡尔·马克思的政治经济学批判的观点》一文所说的,“根据他(指马克思——笔者注)的意见,恰恰相反,每个历史时期都有它自己的规律……一旦生活经过了一定的发展时期,由一定阶段进入另一阶段时,它就开始受另外的规律支配……对现象所作的更深刻的分析证明,各种社会有机体像动植物有机体一样,彼此根本不同……由于这些有机体的整个结构不同,它们的各个器官有差别,以及器官借以发生作用的条件不一样等等,同一个现象就受完全不同的规律支配。例如马克思否认人口规律在任何时候在任何地方都是一样的。相反地,他断言每个发展阶段有它自己的人口规律……生产力的发展水平不同,生产关系和支配生产关系的规律也就不同。马克思给自己提出的目的是,从这个观点出发去研究和说明资本主义经济制度,这样,他只不过是极其科学地表述了任何对经济生活进行准确的研究必须具有的目的……”

纵观马克思全部《资本论》，马克思的辩证分析方法始终是与道德分析方法密切地联系在一起的。道德分析法与辩证分析法一起堪称马克思的经典分析法。

道德分析法即主体性与价值关系分析法。马克思的《资本论》的研究视角和基本切入点始终是经济现象中（背后）的人和人际关系。正如恩格斯所说，“经济学所研究的不是物，而是人和人之间的关系，归根到底是阶级与阶级之间的关系”，同时指出，“这个或那个经济学家在个别场合也曾觉察到这种关系，而马克思第一次揭示出它对于整个经济学的意义，从而使最难的问题变得如此简单明了，甚至资产阶级经济学家现在也能理解了。”因此，如果就经济谈经济，看不到资本主义条件下人和人际关系的特殊本质，就无法揭示资本主义经济的本质及其规律，就不可能产生科学的政治经济学理论。马克思在《资本论》中首先是从分析资本主义社会的财富的元素形式即商品开始，进而展开了庞大的政治经济学理论体系的构建。然而在这一科学理论体系创造的艰难过程中，马克思自始至终把握住了资本主义条件下经济主体和经济关系的本质，并由此克服了资产阶级经济学家尤其是庸俗经济学理论的见物不见人的原则性或根本性错误。

马克思在考察商品属性时，揭示了其使用价值和价值、具体劳动和抽象劳动的矛盾，展示了商品生产者之间的社会生产关系。在此基础上，马克思在研究商品交换和商品流通的内在规律的过程中，探讨了货币转化为资本的特质，并进而发现了资本家所有的转化为资本的货币的价值增殖的本质，那就是劳动力成为商品。至此，作为货币占有者的资本家占有了“没有可能出卖自己的劳动对象化在其中的商品，而不得不把只存在于他的活的身体中的劳动力本身当作商品出卖”的工人。由于这两个对立的经济主体的存在，使得资本家所有制条件下的经济关系内部形成了不可调和的利益矛盾，“在生产过程中，资本发展成为对劳动，即对发挥作用的劳动力或工人本身的指挥权。人格化的资本即资本家，监督工人有规则地并以应有的强度工作。”并且“资本发展成为一种强制关系，迫使工人阶级超出自身生活需要的狭隘范围而从事更多地劳动。”而且，处在被压迫被剥削地位的工人阶级的劳动出现了异化现象，劳动异化同时产生了人的异化和人际关系的异化，使得工人阶级的劳动成果不仅不能说明和肯定自身，而且成为更多的异己力量或更多的资本来加重剥削压迫并摧残自身，并使得人际关系的利益对立越来越严重，以至于不通过暴力革命就无法使得经济主体都作为真正自由的理性主体而存在着，从而实现经济关系的和谐与协调。

可以说，没有对资本主义制度下经济主体的本质的充分认识，也就不可能揭示资产阶级和工人阶级的对立关系的本质，也就不可能弄清楚劳动者的劳动成果怎么成为了异己的力量。正因为《资本论》所研究的不是物，而是人和人之间的关系尤其是资产阶级和工人阶级之间的关系及其应当与不应当，才有可能发现剩余价值理论，也才有可能使面对资本主义的政治经济学成为科学。

（《〈资本论〉的经济伦理学解读》，见《道德资本与经济伦理》，人民出版社2009年版，收录本书有删节）

走进经典才能真正读懂马克思

世界上研究马克思的学者可以说不计其数，有的是从坚持马克思主义视角下研究马克思，有的是从反对马克思主义立场上研究马克思，还有的是从修正马克思主义态度中研究马克思，等等。不管对马克思主义持何种态度，其实这都说明马克思及其思想是伟大的，假如马克思的思想没有理论魅力或没有生命力，不仅没有研究的价值，更没有研究的前提。恰恰是长期以来，全球思想和理论界都在围绕马克思主义而展开不间断的研究，且理论论争始终十分激烈。这也正说明马克思思想的博大精深。然而现在的问题是有的学者以“冷战式”意识形态思维，要么片面注解，要么断章取义，甚至有的学者根本没有去认真读一读马克思的原著就发表所谓的马克思的相关理论的“缺场”。近年来，我有幸作为中央马克思主义理论研究和建设工程重大项目的首席专家，开展对经典作家原著的道德观的研读工作，我深感只有走进经典，真正读懂马克思，才能弄清学界有的人对马克思主义相关理论的误读。其中一些问题让我记忆深刻：

马克思有没有哲学思维？有人认为，马克思没有哲学思维，甚至认为马克思主义哲学不是哲学。更有甚者，有人明确强调，不谈宗教，哪来哲学。其实，除非对“哲学本体”有非哲学的理解或异质的思维定势，那马克思有没有哲学思维是一个十分简单的问题，说简单是在于读一读马克思的《资本论》等原著，就应该不会怀疑马克思的抽象与具体、一般与个别、普遍与特殊、逻辑与历史统一等等的辩证法思维，同时也就应该不会怀疑马克思的历史唯物主义中关于社会存在与社会意识关系等辩证法思想，否则，说明怀疑者没有阅读原著，或缺乏基本的哲学素养和马克思主义知识谱系。老实说，真正懂哲学和读过马克思著作的人是不会怀疑马克思的哲学思维的。

马克思有没有人学思维？长期以来总是有人认为马克思没有人学思维，提出所谓马克思的“人学空场”。只要认真读过马克思的原著且不具偏见，谁都不会信口开河地说马克思的思想理论中不讲人、不见人。如果说，马克思的思想理论有“人学空场”这块“短板”，那马克思的著作就不会在全世界产生这么大的影响，以至于马克思的论敌或相关理论思潮的代表人物也不得不承认马克思的伟大和获得的荣誉是在于赢得了无产阶级和广大劳动大众的认同和爱戴。然而，无产阶级和广大劳动大众不是没有思想的芦苇，他们不可能信仰所谓“冷冰”待人甚至忽视人的思想理论。事实上，马克思的思想理论说到底是人类解放的思想理论，这是不容置疑的，谁能说马克思的社会理想是要建立一个获得了真正自由的一切自由人的联合体是“见物不见人”？近年研究马克思的原著，我们发现，在马克思看来，唯有无产阶级革命所带来的“社会解放”，才能真正把“人的世界即各种关系回归于人自身”，我们把这一思想理论称之为社会主义和共产主义道德的最好注解，因为，理性或科学意义上的道德的本质指向是人的完善和人际关系的和谐，马克思的真正把“人的世界即各种关系回归于人自身”的思想理论，恰好与之吻合。所谓把“人的世界”回归于人自身指的就是在共产主义社会中，“个人的独创和自由的发展不再是一句空话”；“与人相称的地位”，即“每个人都能自由地发展他的人的本性”，过着“能满足一切生活条件和生活需要的真正的人的生活”；劳动已经不仅仅是谋生的手段，而且成了生活的第一需要。同时，从某种意义上说，回归人的世界就是回归人的关系，因为人的世界是由人、人的关系组成的，“人的本质是人的真正的社会联系”。因此，把“人的世界回归于人自身”就意味着把“各种关系回归于人自身”。至此，社会“将是一个以各个人自由发展为一切人自由发展的条件的联合体”。这是多么美妙和完备的道德和人学理论本质啊！

马克思有没有伦理学思维？我在20世纪80年代初刚接触到伦理学的时候就已经听到和看到这样的论调。用现在的伦理学理论或学科体系在形式上去对照马克思的原著，并认为马克思没有写过伦理学文章或著作，因此马克思没有道德或伦理学思维，这是十分浅薄的学术思路。事实上，且不说马克思关于把“人的世界即各种关系回归于人自身”的命题，足以说明马克思的深刻的伦理学观点，研读一下恩格斯的评价也可见马克思的深刻的伦理学思维。恩格斯说：“经济学所研究的不是物，而是人和人之间的关系，归根到底是阶级与阶级之间的关系”，同时指出，“这个或那个经济学家在个别场合也曾觉察到这种关系，而马克思第一次揭示出它对于整个经济学的意义，从而使最难的问题变得如此简单明了，甚至资产阶级经济学家现在也能理解了。”因此，如果就经济谈经济，看不到资本主义条件下人和人际关系的特殊本质，就无法揭示资本主义经济的本质及其规律，就不可能产生科学的政治经济学理论。马克思在《资本论》中首先是从分析资本主义社会的财富的元素形式即商品开始，进而展开了庞大的政治经济学理论体系的构建。然而在这一科学理论体系创造的艰难过程中，马克思自始至终把握住了资本主义条件下经济主体和经济关系的本质，始终是在应该不应该的视角下研究资本主义经济，并由此克服了资产阶级经济学家尤其是庸俗经济学理论的见物不见人的原则性或根本性错误，进而系统、深刻地论述了资本主义制度下的道德应当和道德本质，展示了深刻的伦理学思想。

（原以题为“研读原著，才能‘去伪存真’”载《光明日报》2014 年 2 月 24 日，收录本书有删节）

附录

道德箴言

我长期从事伦理学教学与研究工作，以下是我在各类讲稿和发表的学术研究成果中捡拾的人立身处世之道德箴言，与读者共勉。

道德之美乃人间最美之美。

厚道得人缘，真诚聚人气。

求名趋利，境界高尚尽到努力不后悔，心平气和顺其自然不伤神。

善德，立身之基，处世之本，为事之典。

多一个善良朋友，多一份人生资源。

聪明之人即为读书越多越觉浅薄的人、知识越多越是谦虚的人、能力越强越会低调的人。

人生低调就像叩首爬山有利向上，人生高调犹如昂首下山极易滑落。

以诚待人之人生一定会是顺畅的人生、快乐的人生。

尊重能化解一切猜疑，真诚能获得无限信任。

人心换人心，换来的是理解、尊重与公平。

换位思考才能真正理解人、体谅人，也才能实现自身的情绪稳定、心理平衡。

换位思考才能处好事，将心比心才能处好人。

学习、研究、工作，日有所进，必成大器。

主动的人生理应三十而不惑。

人生至高境界即努力“使人的世界即各种关系回归于人自身”（马克思语）。

人之为人在德，德之为德在人。

“慎独”者至善。

德行无小节，小节喻德性。

人与责任同在，不担责任，人将不人。

奉献社会意味着也在提升和完善自己。

自尊、自信、自强；理解、信任、互助，乃立身处世法宝。

热衷于无谓争斗的人，肯定当不了该当的好官、赚不了该赚的大钱、做不了该做的真学问。

竞争，重在自我奋进、取长补短。

人生的“对手”和“异己力量”的存在也是财富，它可以帮助人警觉自己的一言一行，及时纠正自己言行的偏差。

健康平安、行善积德、勤奋成就、民富国强乃幸福之根。

人在宇宙面前非常非常渺小，但人又很伟大，因为人深知自己的渺小和宇宙之浩瀚；人生在宇宙的长河中十分十分短暂，但人生又会永恒，因为人创造的物质和精神财富将永垂青史。

道德是社会各种力量不可缺少的要素，离开了道德，任何一种力量将会存在缺陷，甚或出现“短板效应”。

道德与资本并非风牛马不相及，其实，道德也是资本。

道德力乃天下第一力。

道德也是生产力。

道德乃安身立命之本。

道德乃人之健康之魂。

道德的作用力体现在人的完善与人际关系的和谐有利于促进社会生产和生活等实现理性样态(生态性存在)和快速发展。

真正学者的责任是将复杂的问题简单化、抽象的理论浅显化、科学的思想践行化。

不学习意味着落后,不研究意味着肤浅。

读书改变人的气质乃至命运。

读书使人高雅,探究使人高贵。

读书使人进步,行善使人完美。

读书,读知内容是学之基,读懂方法是学之本,读出新思是学之范。

读书也是思想交流,只不过是与把思想已经和盘托出的作者交流,故思想火花往往从读书中来。

读懂书本,读懂社会,才能真正读懂自己。

读书、修炼以养德;敬仁、行善以积德。

学问不是故弄玄虚,而是脚踏实地的思索与创新。

真正的学术成就和学术水平是要经历漫长的文化沉淀和社会历史检验才能凸显出来。

思想史是由真正的思想者及其创新思维和创新理念

铺就的。

人生遇到问题或挫折，不要悲伤，不要愤怒，不要气馁，更不要放弃生的希望，时间会冲淡一切，努力会改变人生，坚持一下，生活总会归于平和，说不定，柳暗花明，更加美好前景在招手。

人生没有计划，犹如登楼没有阶梯；人生没有目标，犹如十字路口迷路。

人生需要有计划、有目标，有计划地朝着目标前行，日有所进，必有成就。

在人际利益交往中，礼貌是介绍信，友善是桥梁，诚信是纽带，双赢是动力。

消除人生对立面的最好办法是尽最大努力与之交上朋友、听取意见、改进不足。

习惯于算计人的人，最终必然会跌入众叛亲离、不能自拔的“算计陷阱”。

精明过度且什么名利都想要、又不想让别人同样拥有的“小人”，最终逃脱不了众人唾弃、咒骂的下场。

世上最无知的是不知无知，最无能的是不知无能，最无耻的是不知无耻。

他人是认识自己的镜子。

智者深知谦虚谨慎之奥，高傲自大与弱智无异。

阳光个性坦然自在，阴暗人格诡异自郁。

人生各有亮点和精彩之点，因此，不希望别人过得比自己好的人，其实是永远在没有比别人过得好的心态中生存，这无异于精神自虐。

当面是人，背后做鬼；台上握手，桌下踢脚；明装君子，暗当小人，与禽兽无异。

忘恩负义失良知者，令人不齿。

忘恩负义者与盗贼无异。

对他人遭遇不可抗拒的灾难尤其是死亡而幸灾乐祸的人，是无耻和无知之举动。说无耻是因为没有最起码的作为人的怜悯心，说无知是因为也许他自己也会遇上不可抗拒的灾难，且死亡也是迟早的事。

过河拆桥者并不能保证自己拆桥时不掉进河里。

是龙还是虫，是花还是刺，是人还是鬼，是真还是假，是美还是丑，口碑是最好的验证，历史是最好的判官。

人要积德。德者寿，德者乐。德者生的伟大、死的光荣。

善于投机钻营者，坏了口碑，虽“荣”犹败。

精于用尽心机坑人，必定身败名裂害己。

精明过度且精于算计人的人，最终一定是可怜的孤独者。

尊师尊长尊老尊妇尊幼也即自尊，辱师辱长辱老辱妇辱幼也即自辱。

尊重是相互的，不管地位多高、权力多大，要想得到人的尊重，你必须尊重哪怕是没权力、地位低下的人，否则，人们对你的尊重是有水分甚或是假的。

把低调、让步、谦虚的人当傻瓜，其本身就是傻瓜，因为被当傻瓜之人之睿智一定能笑看把人当傻瓜的人的愚蠢品性。

自负乃自虐式自恋。自负现象说明，旁人压根儿没有把自负者当回事，否则，何须自负。故，自负者，伤身，当戒！

人的高尚的德性在于对“至善”的追求和对“善小”的坚持。

行善，积德，增寿；作恶，缺德，伤身。

人生最大的悲哀莫过于自我感觉甚好却口碑极差；自命不凡、狂妄自大却没有人把他当回事。

敬畏之心乃安身立命之根。

敬畏道德犹如敬畏生命。

敬畏道德才有人生的完美、人际的和谐、人类的幸福。

导做人是导师第一要务。

导师即为人梯，不希望甚至害怕弟子超越自己的导师不是好导师。

老师的素质和形象是学生的“天然课程”。

孝敬父母有瑕疵的人，难以真正仁爱于他人和社会。

爱国乃天经地义，护国应恪尽职守。

冷静，头脑清醒免失误；冲动，思维模糊遭麻烦。

立足当下才能着眼未来；抓住今天才能赢得明天。

人要靠自己立身，就是社会和他人的帮助也会受到自身的品性及其言行的影响。

德性和气质决定人的形象，无法仿冒，无法假装。

不懂礼貌，自毁形象；不守规矩，自遭麻烦。

德不配位，耗力、耗誉、耗精神。

信誉比生命重要。

世上最大的浪费莫过于浪费时间和空间。

抓住时间就意味着抓住应该抓住的人生目标。

真正的朋友交往不计算，更拒算计。

真正的朋友不需要阿谀奉承，相互批评与否是真假朋友的试金石。

仅为利结交者难有真朋友。

有权时、高位时、掌握一定资源时，假如翻眼朝天、目不见人，说不定在无权时、下位时、没了一定资源时，即使恭维谦卑、点头哈腰，往往落得个连朋友也不会理睬的可怜的孤独者的下场。

志愿于弱者，价值若金。

心与心联通，海阔天空。

穷不失志，虽穷犹富。

历史是真实的过去的再现，即使可以被别有用心者糊弄一时，但终究要还本来面目。

厚道者道厚。

不能事事体验，但可处处学人。

无端猜疑伤人更伤自己。

腾达时冷落甚至忘记曾经友好合作支撑的朋友，这样的人被社会唾弃是迟早的事，因为，对待朋友尚且如此，对待他人可想而知，而社会对这样的人是不会买账的。

人生关键时刻，如果死比生意义更加重大，那死不足惜，死的光荣且精神永存。

人死只是时间问题，但不能由此而等死，等死的人是虽生犹死。

尽管人在什么时候以什么形式离开世界是不可预测且捉摸不定的，但人可以通过发挥主观能动性而增强生命活力并实现乐活与长活。

心态平和、乐观开朗保颜值；阴险狡诈、算计忧郁伤脸面。

好心态即善于承认、勇于承担、敢于承重。

法律是头顶之剑，道德是心中之刃，危险与否在于底线的把控与行动的尺度。

唯有构筑最高最新学术信息平台，才可能有真正的创新学术和学术创新。

荣誉和头衔在真正的学术大家心目中只是个符号而已，学问家看重的是学术成果的现实与历史的作用和影响。

忽视甚至脱离道德的任何力将不可能实现最强、最大、最好之力。

宇宙（世界）是什么，它从何如来，往何而去，其存在的理由是什么，这是终极性哲学难题，但这并不影响人对人的存在理由和意义的认识。人是理性动物，其生存理由和意义凸现。当然,人唯有不断认识应该认识的自己,奉献应该奉献的力量,人才活得有理由有意义。

伦理生态即是人与人际关系最合理的存在与发展态,即人的完善与人际和谐实现最佳状态。

凡是适度即为应当,追求应当即可达最佳,最佳才是文明生态。人之生态、自然生态、经济生态、政治生态、社会生态、文化生态等皆应合适度和应当。

道德自由是对立身处世之客观应当认识基础上的自觉行动。

残酷的严冬内含着春天的希望,恶劣的环境存在着乐活的动力。

完美人生是"人生时空"充实而不浪费的人生,充实而不浪费的人生是"微小时空"都在发挥作用的人生。

充分利用微小时空学习和工作的人即是不断走向成功之人。

浪费时空就是浪费财富乃至人生。

人生没有回头路,每走一步都应该思"应该"求"圆满"。

培根说,"给予忠告意味着坦诚和信任",因此,善听逆耳忠言者是智慧、是善德、是进步。

有人云，明天和意外不知谁先到来，应当过好今天。其实，过好今天也应该意味着智避意外并梦想明天。

苏格拉底说人是理性动物，亚里士多德说没有任何东西比理性更属于人了，孔子和孟子说仁者人也，即是说，人应该是讲道德的动物，不讲道德，人将不人。

为谋私利而道德败坏者，于人类不齿。

遇事有定力，办事有活力，处事有德力。

感恩是良心，更是善良品性。

人者感恩，忘恩如兽。

不要得势高调、猖狂，不必人微阿谀、献媚，其实，山不转水转，道德定力是美好人生之柱。

机遇对于人生来说，它并不是从天上掉下来的。不可否认，机遇在什么时候、什么地方、什么状态下出现，这是难以预料的，正因为难以预料，机遇对于每一个人来说都是可能的，而对于某一种机遇来说每一个人又都可能是不可能的。但机遇能否抓住，靠的是智力、德力和能力之实力，机遇不会光顾缺乏实力的人。

仁爱无价，仁爱永恒。

家庭孝道不讲的人在社会难持仁爱。

无论何时何地何情况，坚守善德即为崇高乃至伟大。

德 与 美

太阳象征着奉献、阳光，地球象征着包容、和谐，月亮象征着忠诚、友善，故太阳、地球、月亮象征着美德伦理。

青春美好是年龄意义上的，更是奋进视阈下的理念和行动。

未来世界一定是人与自然、人与社会、自然与社会实现高度统一、和谐共生的世界。

未来社会生存和发展的核心资源是道德，不懂或不讲道德将寸步难行。

未来世界是逐步走向真正伦理的世界，伦理与发展同行，伦理与幸福同在。

图书在版编目(CIP)数据

德与美/王小锡著.—3版.—上海:上海三联书店,2020.3
ISBN 978-7-5426-6993-3

Ⅰ.①德… Ⅱ.①王… Ⅲ.①散文集-中国-当代
Ⅳ.①I267

中国版本图书馆CIP数据核字(2020)第038432号

德与美(第三版)

著　　者 / 王小锡

责任编辑 / 杜　鹃
装帧设计 / 一本好书
监　　制 / 姚　军
责任校对 / 张大伟

出版发行 / 上海三联书店
(200030)中国上海市漕溪北路331号A座6楼
邮购电话 / 021-22895540
印　　刷 / 上海展强印刷有限公司

版　　次 / 2020年3月第3版
印　　次 / 2020年3月第1次印刷
开　　本 / 640×960　1/16
字　　数 / 210千字
印　　张 / 26.5
书　　号 / ISBN 978-7-5426-6993-3/I·1614
定　　价 / 79.00元

敬启读者,如发现本书有印装质量问题,请与印刷厂联系 021-66366565